출근러의 생존법

신입사원을 위한 회사 생활 A to Z

출근러의 생존법
신입사원을 위한 회사 생활 A to Z

1판 1쇄 발행. 2025년 5월 8일

지은이. 한수정, 서유진, 김진영, 윤다비

펴낸이. 이수정
펴낸곳. 북드림
교정교열. 심은정
표지 디자인. 디자인 경놈
본문 디자인. 슬로스

등록. 제2020-000127호
주소. 경기도 남양주시 다산순환로20 C동 4층 49호
전화. 02-463-6613 | 팩스. 070-5110-1274
도서 문의 및 출간 제안. suzie30@hanmail.net
ISBN 979-11-91509-59-5 (13190)

신입사원을 위한 회사 생활 A to Z

출근러의 생존법

한수정 | 서유진 | 김진영 | 윤다비

북드림

추천사

직장에서 가장 많은 시간을 보내는 만큼, 옆자리의 선후배는 단순한 동료를 넘어 삶의 일부가 된다. 워라밸의 또 다른 이름은, 어쩌면 직장에서의 슬기로운 생활일지도 모른다. 신입사원의 생존 전략을 마련하기에 더없이 실용적인 이 책을, 15년 차 직장인의 시선에서도 자신 있게 추천한다.

MG새마을금고중앙회_ 임주영 차장

처음 사회에 발을 내딛는 순간, 가장 필요한 건 정답이 아니라 따뜻한 안내다. 『출근러의 생존법』은 성장의 고민에 길을 밝혀준다. 조직을 이해하고 나를 세우는 시간, 이 책은 그 여정의 든든한 길잡이가 되어줄 것이다. 오늘을 버티는 모든 출근러에게 이 책을 권한다.

삼성생명_ 김현욱 프로

출근 첫날, 복도에서 마주친 상사에게 인사를 건네는 일부터 회의에서 말문을 여는 순간까지 누구나 멈칫하게 된다. 이 책은 그런 낯선 장면 앞에서 신입사원이 지혜롭게 행동할 수 있도록 도와주는 다정한 선배 같은 책이다. 사람 간의 거리감을 현명하게 조율하고 싶은 이들에게 꼭 권하고 싶다.

현대로템주식회사_ 김태성 팀장

업무보다 더 막막했던 것은 조직의 흐름에 자연스럽게 녹아드는 일이었다. 『출근러의 생존법』은 신입사원이 마주할 다양한 상황에서 현명하게 행동하는 방법을 알려주는 실전형 매너 안내서다. 사회 초년생이라면 반드시 곁에 두고 읽어야 할 책이다.

롯데케미칼_ 첨단소재사업부
채영훈 대리

사회 초년생 시절, 실수를 반복하며 선배들의 말과 태도를 이해하지 못해 막막했던 순간이 많았다. 신입사원의 어려움을 누구보다 잘 이해하고 실질적인 방향을 제시하는 책으로 후배들에게 꼭 전하고 싶다.

예술의 전당_ 무대운영부 기계팀
김동훈 주임

비즈니스는 결국 사람과의 관계에서 시작된다. 이 책은 막연했던 비즈니스 매너를 실질적인 지침으로 풀어내며, 사회 초년생은 물론 실무자에게도 유익한 길잡이가 되어줄 것이다. 역량을 성장시키고 싶은 이들에게 추천한다.

강원대학교_ 스마트산업공학과
정동수 교수

일만 잘해서는 충분하지 않다는 것을 시간이 흐를수록 깨닫게 된다. 조직을 이해하고 소통하는 힘이 진짜 실력이라는 사실을 알게 될 때, 이 책은 든든한 길잡이가 되어 준다. 직장생활의 초석을 단단히 다지고 싶은 이들에게 꼭 권하고 싶은 책이다.

HD현대인프라코어_ 박민석 책임

출근부터 퇴근까지, 신입사원이 겪게 되는 거의 모든 상황을 유머러스하게 풀어낸 책이다. 조금 더 수월하고 즐거운 직장 생활을 위한 현실적인 팁들이 가득하기에 친구처럼 곁에 두고 싶은 책이다. 지인에게 선물하고 싶은 책 1순위다.

하나투어_ 박나현 기획MD

사회 초년생이라면 누구나 한 번쯤 겪게 되는 실수와 민망한 순간들이 있다. 이 책은 그런 순간들을 피할 수 있도록 도와주는, 선배들의 따뜻하고 현실적인 조언 모음이다. 가장 믿음직했던 선배의 말처럼, 곁에 두고 오래도록 참고하고 싶은 책이다.

이승미 마케팅AE

'사람들과 잘 어울리는 힘'이야말로 직장생활의 시작에 필요한 진짜 능력이다. 이 책은 단순한 매너를 넘어, 소통과 존중의 태도를 실전 중심으로 알려주는 길잡이 역할을 한다. 낯선 직장 생활 앞에서 막막함을 느끼는 후배들에게 꼭 권하고 싶다.

LG유플러스_ 김성열 책임

'열심히 하겠습니다'보다 '잘 하겠습니다'가 통하는 시대. 이 책은 직장 예절과 비즈니스 매너를 단순한 격식을 넘어, 성장과 커리어를 이끄는 진짜 실력으로 만들어준다. (무신사는 직급 체계를 운영하지 않는 조직이며, P&C팀은 People & Culture팀이다.)

무신사_ P&C팀 고희정

사회생활을 처음 시작하면 모든 것이 낯설고 부담스러울 수 있다. 그럴 때 교과서처럼 펼쳐 읽어볼 수 있는 책이 있다면 큰 도움이 된다. 늘 배우고 성장하길 바라는 이들에게 지금 바로 이 책을 권한다.

LX판토스_ 교육/지원 연은비 선임

열정으로 채우고
센스로 빛나세요!

"능력이 없으면 열정이 있어야 하고, 열정이 없으면 겸손해야 하며, 겸손하지도 못하면 눈치가 있어야 한다."

모델 겸 배우 차승원 씨가 한 예능 프로그램에서 했던 이 말은 많은 조직 내 리더들에게 깊은 공감을 불러일으켰습니다. 특히, '능력이 없으면 열정이 있어야 한다'는 부분은 사회 초년생에게 더욱 중요한 의미를 가집니다.

신입사원은 경험이 부족할 수밖에 없습니다. 하지만 열정은 이를 보완하는 강력한 무기입니다. 열정은 사람을 움직여 어려움을 극복하게 하는 원동력이 됩니다. 기술이나 경험이 부족해도 강한 열정을 바탕으로 꾸준히 노력하면 결국 성장할 수 있습니다.

열정이 있는 사람은 새로운 지식을 습득하려 하고, 실패를 두려워하지 않으며, 끊임없이 도전합니다. 신입사원의 가장 큰 특권은 모르기 때문에 물어볼 수 있고, 이를 통해 배울 수 있다는 점입니다. 경력사원만큼의 능력은 갖추지 못했더라도, 적극적으로 배우고 성장하려는 태도가 있다면 발전할 수 있습니다. 자기 계발은 바로 이 열정에서 시작됩니다.

신입사원의 패기와 열정은 조직에도 긍정적인 영향을 미칩니다. 초심을 잃은 선배들에게 신선한 자극이 되며, 팀워크와 협력의 분위기를 조성하는 데도 기여합니다. 열정적인 자세 하나만으로도 조직에 활력을 불어넣는 존재가 될 수 있다는 것을 기억하세요.

열정만 앞서는 것도 문제

우리나라에서 가장 유명한 펭귄, 펭수가 자주 하는 말이 있죠.

"눈치 챙겨!"

이 말은 신입사원에게도 중요한 메시지입니다. 아무리 열정이 넘쳐도 상황을 제대로 파악하지 못하면 오히려 역효과가 날 수 있습니다.

예를 들어, 업무에 대해 질문할 때는 타이밍을 잘 선택해야 합니다. 지나치게 많거나 부적절한 시점에 질문하면 팀원들에게 방해가 될 수 있습니다. 회식 자리에서도 분위기 메이커가 되겠다고 과도하게 나서기보다는, '낄 때 끼고 빠질 때 빠지는' 센스가 필요합니다.

배우려는 자세와 열정은 소중하지만, 조직 문화와 업무에 적응하는 과정에서 눈치와 센스도 함께 갖추는 것이 중요합니다. 주변을 잘 살피고 상황에 맞게 행동하는 법을 익히면서 한 단계 더 성장해 나가세요.

여러분이 조직에 잘 적응하고 성장하는 데 이 책이 작은 길잡이가 되기를 바랍니다. 마지막으로, 펭수의 말을 빌려 한마디 전합니다.

"신입사원들이여, 부디 이 책을 읽으며 눈치 챙겨봅시다!"

직장 생활의 참고서로
활용하세요!

신입사원 S는 팀장의 책상 위에 결재 서류를 올려두며 퇴근 인사를 합니다.

"오늘 요가 학원 가는 날이라서요. 먼저 퇴근하겠습니다."

서류는 완벽했지만, 팀장은 S에게 서운함을 느낍니다.

'빈말로라도 도와드릴 거 없냐고 물을 수 있지 않나? 먼저 가서 죄송하다든지… 요즘 애들은 참….'

입 밖으로 꺼내진 않았지만, 어딘가 이질감이 듭니다.

직장은 '여러 사람이 함께 일하는 곳'입니다. 높은 성과를 내기 위해서는 사람과 일이라는 두 가지 요소를 조화롭게 다룰 줄 알아야 합니다.

그렇다면 신입사원이 인정받으려면 어떻게 해야 할까요? 아무리 사람이 좋아도 업무 능력이 부족하면 인정받기 어렵습니다. 반대로, 업무 능력이 뛰어나더라도 관계 맺는 능력과 예절이 부족하면 조직 생활이 쉽지 않습니다.

조직에서 인정받는 사람들은 '일머리'뿐만 아니라 '관계 능력'도 잘 갖추고 있습니다. 협업과 소통에 능한 사람이 더 큰 성과를 내는 이유는 조직의 본질이 공동 목표를 향해 함께 나아가는 것이기 때문입니다.

앞선 사례에서 S가 "먼저 가서 죄송합니다" 또는 "혹시 도와드릴 일은 없을까요?"라고 한마디만 더했더라도 팀장의 반응은 달라질 수 있습니다. 적절한 타이밍에 건네는 짧은 말이 단순한 인사를 넘어 동료애를 키우고 조직 내 관계를 부드럽게 만듭니다.

다시 강조하는데 직장은 혼자만 잘하면 되는 곳이 아닙니다. 사람들과 조화를 이루며 협력해야 조직의 목표를 성취할 수 있습니다. 원활한 의사소통과 협력 능력은 갈등을 줄이고, 업무를 효율적으로 수행하는 데 필수적인 요소입니다.

'회사(會社)'와 '사회(社會)'는 같은 한자로 이루어져 있습니다. 순서만 다를 뿐, 결국 회사는 사회의 축소판이라는 의미를 담고 있죠. 취업에 성공했다는 기쁨도 잠시, 이제 본격적인 사회생활이 시작되었습니다. 학교와는 다른 규칙이 적용되는 직장 생활은 때로 어렵고 낯설 수 있습니다.

이 책은 성공적인 직장 생활의 출발점을 잡을 수 있도록 현실적인 조언과 매너를 담았습니다. 실제 사례를 바탕으로 신입사원이 직면할 다양한 상황에 구체적인 가이드를 제공하여, 사회 초년생에게 실질적인 도움을 줄 것입니다.

그 어렵다는 취업에 성공한 자신을 축하하며, 더 나은 직장 생활을 위해 이 책을 스스로에게 선물해보세요.

여러분의 직장 생활을 진심으로 응원합니다!

직장에서 성공하는
동료의 비밀을 알려드릴게요

누구에게나 첫 출근은 쉽지 않습니다. 이제는 더 이상 '어리다'는 이유로 배려받지 못하는 직장이라는 낯선 환경 속에서 스스로를 증명하고 성장해야 합니다.

사회 초년생으로서 첫 직장에 들어서면 익숙하지 않은 업무도 성공적으로 수행해내며, 동시에 긍정적인 태도로 자신의 역량을 발휘하며 신뢰받는 구성원이 되어야 합니다. 조직 내 사람들은 처음에는 제한된 정보와 겉으로 보이는 모습만으로 당신을 판단하기에 올바른 태도와 매너를 갖추는 것이 중요합니다.

사회적으로 성공한 사람들의 공통점 중 하나는 올바른 비즈니스 매너를 지킨다는 것입니다. 매너란 단순한 행동 방식이 아니라 상대방을 존중하는 태도이며, 직장에서는 이를 통해 협력과 신뢰를 얻을 수 있습니다. 비즈니스 매너를 잘 지키면 원만한 의사소통이 가능해지고, 이는 결국 직장에서의 성공으로 이어집니다.

이 책은 직장 생활을 시작하는 여러분이 꼭 알아야 할 핵심적인 비즈니스 매너를 다룹니다. 좋은 첫인상을 남기는 법, 상사 및 동료와의 소통법, 회의나 미팅에서 프로다운 태도를 보이는 방법 등 즉시 활용할 수 있는 실용적인 팁을 제공합니다.

직장 내 매너는 단순한 예절을 넘어, 개인의 전문성을 나타내고 브랜드 가치를 높이는 중요한 요소입니다. 이 책에서 제시하는 다양한 지침은 예상치 못한 상황에서도 침착하고 자신감 있게 대처하는 힘을 길러줄 것입니다.

사회생활은 도전과 배움의 연속입니다. 이 책이 여러분의 든든한 길잡이가 되어 직장에서의 첫걸음을 힘차게 내디딜 수 있도록 돕고, 더 나아가 빠른 성장과 성취감을 느끼는 데 도움이 되기를 바랍니다.

새로운 도전,
그 첫걸음을 축하합니다!

"축하합니다. 수고 많으셨습니다."

치열한 취업 관문을 통과한 신입사원 여러분, 새로운 시작을 진심으로 축하드립니다. 하지만 이제부터가 진짜 시작입니다. 직장이라는 새로운 무대에서 성과를 만들어내야 하니까요.

첫 출근을 앞둔 지금, 설렘과 기대감이 크겠지만, 동시에 낯선 환경에서 잘해낼 수 있을까 하는 긴장과 두려움도 있을 것입니다. 지금은 능숙하게 일하는 선배들도 여러분과 같은 시기를 지나왔음을 기억하세요. 어색하고 서툴렀던 순간들이 쌓여 경험이 되고, 경험은 성장의 발판이 됩니다.

연극에서는 큰 장면 전환이 있을 때 잠시 '막간'을 둡니다. 이 잠깐 동안 무대 장치가 바뀌고, 그 후에는 완전히 새로운 이야기가 펼쳐집니다. 직장에 들어가는 것도 마찬가지입니다. 이제 여러분의 인생 2막이 시작됩니다.

저 역시 낯선 첫 직장에서 걱정이 많았습니다. 하지만 천천히 배우고, 주변의 도움을 받으며 작은 성공을 쌓아갈 때마다 자신감이 커졌습니다. 그리고 깨달았습니다. 직장은 단순히 일하는 곳이 아니라, 관계를 배우고 성장하는 중요한 무대라는 것을.

처음은 누구나 서툽니다. 하지만 배우고 익히는 과정을 통해 점점 단단해집니다.

사회 초년생이 직장에서 마주할 다양한 상황 속에서 어떻게 시행착오를 줄이고 빠르게 적응할 수 있을지, 선배이자 비즈니스 매너 전문 강사로서 저의 경험과 깨달음을 나누고자 합니다. 단순한 규칙이나 매뉴얼을 나열하는 것이 아니라, 실제 사례를 통해 신뢰와 존중을 쌓아가는 방법을 제시하려 합니다.

여러분의 새로운 도전을 응원하며, 이 책이 여러분의 여정에 힘이 되기를 바랍니다.

차례

1장 성공적인 첫걸음 온보딩 프로젝트

2장 성공적인 직장 생활, 태도에서 시작된다!

3장 내 가치를 높이는 업무력 키우기

4장 스마트한 업무 커뮤니케이션의 기술

부록 예절로 완성하는 의전과 경조사

성공적인 첫걸음
온보딩 프로젝트

01
백만 불짜리 첫인상
앞니 플러팅으로 시작하자

신입사원 여러분, 새로운 환경에 적응하는 것은 누구에게나 쉽지 않은 도전입니다. 그런데 이 과정에서 중요한 것은 복잡한 기술이나 화려한 말솜씨가 아닙니다. 때로는 단순한 미소가 상대방에게 강렬한 첫인상을 남기고, 관계의 문을 여는 열쇠가 될 수 있습니다. 최근 젊은 층 사이에서 주목받는 '앞니 플러팅'이라는 표현이 이를 잘 보여줍니다.

앞니 플러팅이 뭘까요? 아주 간단합니다. 미소를 지을 때 앞니를 살짝 드러내는 것입니다. 이 행동은 단순히 외형적으로 매력적이게 보이도록 하는 것을 넘어, 상대방에게 긍정적이면서 친

근한 인상을 심어줍니다. '플러팅(flirting)'이라는 말이 붙은 이유
는 은근하게 상대방의 호감을 끌어내는 기술이기 때문입니다.
영화나 드라마 속 배우들이 이 미소를 활용해 매력을 극대화하는
장면이 종종 화제가 되기도 했습니다.

미소, 강력한 힘을 발휘하는 비언어적 의사소통

'웃는 얼굴에는 침을 못 뱉는다'는 말이 있습니다. 말 그대로 미
소는 상대방에게 좋은 인상을 전달합니다. 심리학 연구에 따르
면, 미소를 짓는 사람은 주변 사람들에게 개방적이고 긍정적인
이미지를 주기에 미소는 관계 형성의 첫걸음에서 중요한 역할을
한다고 합니다.

특히 신입사원의 미소는 첫인상을 좋게 만들어 낯선 조직에서
의 적응력을 높이고 원활한 인간관계를 맺게 해줍니다.

미소는 상대방뿐 아니라 자신에게도 심리적 안정과 긍정적
인 변화를 가져다주는 강력한 도구입니다. 연구에 따르면, 미
소를 짓는 순간 심박 수가 안정되고 혈압이 낮아지는 등 생리적
변화가 일어납니다. 동시에 스트레스를 완화시키는 엔도르핀
(endorphin), 행복 호르몬 세로토닌(serotonin), 동기부여를 높이는
도파민(dopamine)과 같은 신경전달물질을 분비시켜 기분을 좋게

만듭니다.

그런데 단순한 미소보다는 '앞니가 드러나는 미소'야말로 비언어적 의사소통에서 강력한 도구로 작용한다고 합니다. 이런 미소를 짓는 순간 상대방은 따뜻함과 신뢰감을 느끼며 대화에 마음을 열게 됩니다.

앞니 플러팅과 스몰 토크로 아이스브레이크하기

입사 초기에는 낯선 조직과 새로운 사람들 사이에서 긴장과 어색함을 느끼기 쉽습니다. 이럴 때 앞니 플러팅을 활용한 미소는 첫 만남의 긴장을 풀어주는 훌륭한 아이스브레이커(icebreaker) 역할을 합니다. 누군가와 눈이 마주쳤을 때 윗입술을 살짝 들어 올려 앞니를 보이며 자연스럽게 미소를 지어보세요. 여기에 가벼운 주제로 스몰 토크를 시도하면 금상첨화입니다. 예를 들어 이런 말로 시작하면 좋습니다.

"안녕하세요."

"식사하셨어요?"

이처럼 부담 없이 접근하면 상대방에게 친근감을 전달하면서도 효과적으로 대화의 물꼬를 틀 수 있습니다. 시작이 긍정적이라면 직장에서 조금 더 쉽게 관계를 형성하고 신뢰를 쌓을 수 있습니다.

　그러나 자연스럽게 좋은 미소를 지을 수 있을 것 같지만 사실 연습과 노력이 필요합니다. 우리 얼굴에는 약 80개의 근육이 있으며, 이를 통해 7,000가지 이상의 표정을 만들어낼 수 있다고 합니다. 홍미로운 점은 부정적인 감정을 표현할 때 더 많은 근육이 사용된다는 것입니다. 화를 낼 때는 약 63개의 근육이 필요하지만, 미소를 짓는 데는 고작 13개의 근육만으로도 충분하다고 합니다. 그렇다면 적은 에너지로도 긍정적인 감정을 표현할 수 있다는 이야기인데, 직장 생활에서 미소를 활용하지 않을 이유가 없겠죠?

　앞니 플러팅 장착, 백만 불짜리 첫인상의 시작입니다.

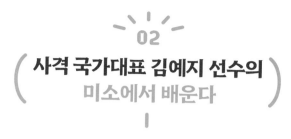

02
사격 국가대표 김예지 선수의
미소에서 배운다

자, 이제 본격적으로 미소 연습을 해볼까요?

미소 연습을 할 때 염두에 두면 좋은 사람이 있습니다. 바로 사격 국가대표 김예지 선수입니다. 2024년 여름, 전 세계의 이목이 파리 올림픽에 집중되었습니다. 여느 올림픽과 마찬가지로 이번에도 여지없이 각본 없는 명장면, 명승부의 순간들이 우리를 울고 웃게 만들었습니다.

그중 대한민국의 김예지 선수 역시 사격 종목에서 빛나는 활약을 펼치며 눈길을 사로잡았습니다. 김예지 선수는 특유의 집중력과 탁월한 기술로 10미터 공기권총 종목에서 2위를 해 은메달을 목에 걸며 올림픽 스타로 자리매김했습니다. 하지만 그녀를 더욱 매력적으로 만든 것은 경기를 마친 후 보여준 환한 미소였습니다.

미소는 관계의 시작

비언어 커뮤니케이션 전문가이자 미국 캘리포니아 대학교 심리학과의 명예교수인 앨버트 메라비언(Albert Mehrabian)은 소통은 단순히 말로만 이루어지는 게 아니라는 점을 밝혀냈습니다. 연구에 따르면, 대인관계에서 호감과 비호감을 이끌어내는 데 말이 차지하는 비중은 7퍼센트뿐이라고 합니다. 나머지 93퍼센트는 비언어적 요소입니다. 특히 표정은 가장 강력한 비언어적 신호로, 단 한 번의 미소로도 상대방에게 깊은 호감과 신뢰를 심어줄 수 있다고 합니다.

다시 김예지 선수의 이야기로 돌아가볼까요? 김예지 선수는 경기 중에는 긴장과 몰입감이 돋보이는 시크한 표정으로 보는 이들을 압도했는데, 경기가 끝난 후 카메라를 향해 보여준 웃음은 그야말로 또 다른 감동을 선사했습니다.

미소는 사람과 사람 사이의 관계를 여는 열쇠입니다. 김예지 선수처럼 진심이 담긴 미소는 신뢰와 긍정적 이미지를 심어줍니다. 경기 후 카메라 앞에서 보여준 그녀의 자연스러운 미소는 단순히 '예쁘다'를 넘어 관중들에게 따뜻함과 안정감을 전달했습니다. 김예지 선수를 보면서 새삼 미소가 얼마나 강력한 비언어적 소통 도구가 될 수 있는지 깨달았습니다.

일상생활에서 올림픽 메달 미소 훈련하기

신입사원이 건강하고 긍정적인 관계를 쌓아 나가도록 긴 고민 끝에 금, 은, 동 올림픽 메달 미소를 만들어보았습니다. 표정은 상황에 맞는 감정을 적절히 표현해야 하는데 공감의 '동메달 미소', 친근함의 '은메달 미소', 진정성의 '금메달 미소'를 연습해 활용하면 효과적인 소통을 이끌어낼 수 있습니다.

긍정적이고 건강한 표정을 짓는 연습을 한다면 직장에서 신뢰를 얻을 뿐만 아니라 이를 통해 효과적으로 자신감까지 키울 수 있습니다.

다음 페이지의 '금은동 미소 훈련법'을 참고하여 지속적으로 훈련하고 이를 실천한다면 관계에 확실한 변화를 가져올 것입니다. 꾸준한 연습과 실천은 여러분의 미소를 금메달로 만들어줍니다.

금은동 미소 훈련법

■ 동메달 미소: 공감의 시작

◎ **훈련 방법**: '동!'이라고 발음하기 위해 입술을 동그랗게 만든다. 이후 '도홍!'을 길게 발음하며 3~5초간 표정을 유지한다.

◎ **포인트**: 대화 중 경청하면서 상대방에게 공감과 감탄을 전달한다.

◎ **효과**: 상대방은 존중받고 있다고 느끼며, 관계의 문이 열린다.

■ 은메달 미소: 친근함의 표현

◎ **훈련 방법**: '은~'이라고 발음하며 앞니를 자연스럽게 드러낸다. 윗입술을 부드럽게 들어 올리며 웃는다. 윗입술을 들어 올리는 게 어렵다면 '은'을 느리게 발음하면서 '으~흔'으로 바꾸어서 해본다. 양 볼이 살짝 올라가는 게 느껴지면 성공이다.

◎ **포인트**: 이때 눈 깜빡임을 줄이고, 대화 속도도 조금 느리게 유지한다.

◎ **효과**: 상대방에게 매력을 어필할 뿐만 아니라, 전달하고자 하는 말의 힘을 키울 수 있다. 자신감과 신뢰를 전달하고 싶다면 '은~'의 표정을 기본값으로 두고 대화를 이어가자.

■ 금메달 미소: 진정성의 절정

◎ **훈련 방법**: '금!'을 발음하며 양쪽 광대가 눈 쪽으로 살짝 올라가게 웃는다. 입술을 '양' 다물지 말고 느리게 '그~흠'이라고 발음하면 쉽다. 메달 중 가장 높은 가치는 금메달이고 대화에서 가장 큰 덕목은 침묵이다. 같은 맥락에서 상대방과의 대화 중 선택적 침묵을 통해 집중하고 있음을 보여주어도 좋다.

◎ **포인트**: 입꼬리가 스마일 라인을 만들면서 동시에 눈가 주름이 자연스럽게 생기도록 한다. 이는 심리학자 폴 에크만(Paul Ekman)이 말한 뒤센미소(진짜 미소)를 만든다.

◎ **효과**: 가짜 미소는 눈둘레근이 움직이지 않는다. 진심이 느껴지는 금메달 미소는 상대방에게 신뢰를 전달하며, 깊은 인상을 남길 수 있다.

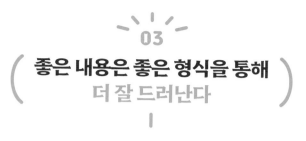

03
좋은 내용은 좋은 형식을 통해
더 잘 드러난다

1997년, 대한민국을 들썩이게 했던 DJ DOC의 노래 〈DOC와 춤을〉의 한 구절이 떠오릅니다.

청바지 입고서 회사에 가도
깔끔하기만 하면 괜찮을 텐데,
여름 교복이 반바지라면
깔끔하고 시원해 괜찮을 텐데….

근 30년 가까이가 지난 지금, 이 희망 가득 섞인 노래 가사는 그야말로 현실이 되었습니다. 많은 회사가 업무 복장의 자유화를 실천하고 있으며, 학교에서도 여름 교복으로 반바지가 허용됩니다. 그러나 모든 방면에서 개인의 자유가 한껏 존중되는 시대로 접어들었으면서도 한편에서는 여전히 복장과 용모가 '전문성과 태도'를 나타내는 데 있어서 중요한 요소라는 사실이 변함없이 자리를 지키고 있습니다.

일만 잘하면 되지, 무슨 옷차림까지

어느 신입사원이 교육 중 강사에게 하소연하듯 물었습니다.

"일만 잘하면 되지 복장까지 뭐라고 하는 건 이해가 안 돼요. 강사님은 그렇게 생각하지 않으세요?"

이는 어쩌면 현대 사회에서 구세대와 신세대의 갈등을 확연히 보여주는 질문으로 여겨질 수도 있습니다. 그러나 곰곰이 생각해보면 그게 다가 아님을 알 수 있습니다. 복장은 단순히 외형적인 요소에만 머물지 않습니다. 이는 전문성과 태도의 지표로, 직장 내 첫인상에도 중요한 역할을 합니다. 적절한 복장은 상대방에게 신뢰감을 주고, 동료와 상사에게 긍정적인 이미지를 전달합니다.

각 회사에는 고유의 복장 규정과 문화가 존재합니다. 이 규정을 이해하고 따르는 것은 조직의 일원으로서 자신의 태도를 보여주는 첫 단계입니다.

발목 양말, 레깅스룩, 크롭티, 등산복, 골프복, 슬리퍼, 장화 등의 복장이 허용되고, 문신이나 코 피어싱이 자유이며, 보라색이든 주황색이든 머리카락 색이 전혀 문제가 안 되는 조직도 있습니다. 그러나 아무리 직무와 조직 문화가 유연하더라도 복장은 그 사람을 대변하는 중요한 요소라는 점은 알고 있어야만 합니다.

조직에서 어떤 이미지로 비치고 싶은가

복장은 심리학적·사회적 메시지를 전달합니다. 1965년부터 간행된 사회심리학 격월지 〈실험사회심리학저널(Journal of Experimental Social Psychology)〉에 실린 한 연구에 따르면, 정장과 같은 격식 있는 복장을 착용하면 착용자 본인은 강한 자신감을 갖게 되고 상대방 역시 착용자를 더 믿음직스럽게 느낍니다. 이는 복장이 단순한 외적 표현에 그치는 것이 아니라, 업무 성과와 태도에도 영향을 미친다는 것을 보여줍니다.

2023년 JTBC에서 방영해 높은 인기를 얻은 드라마 〈대행사〉에서 주인공 고아인 역을 맡은 이보영이 후배에게 한 말은 직장에서 복장과 용모가 얼마나 중요한 역할을 하는지 극명하게 알려줍니다.

"성능만큼 중요한 게 디자인이고, 디자인만큼 중요한 게 성능이다."

이처럼 형식이 내용에 영향을 미치는 사례는 현실에서 자주 목격됩니다. 아무리 뛰어난 능력을 지녔어도 외적 이미지가 떨어지면 상대방에게 부정적인 첫인상을 줄 수 있습니다.

단정한 용모는 직장에서 신뢰를 쌓는 첫걸음입니다. 깔끔한 헤어스타일은 자신감을 증대시키고, 이는 자연스럽게 긍정적인 태도로 이어지기 쉽습니다.

출근러의 생존법: 신입사원을 위한 회사 생활 A to Z

행동에도 격에 맞는
티피오가 필요하다

티피오(TPO)는 패션업계가 마케팅 세분화 전략을 위해 강조한 용어로 시간(time), 장소(place), 상황(occasion)을 의미합니다. 옷을 시간, 장소, 상황에 맞추어 입어야 한다는 말로 많이 쓰였는데 이제 이 용어가 직장 생활에서 알맞은 행동을 해야 한다는 의미로까지 확대되고 있습니다.

사무실은 집이 아닙니다. 분명히 사무실에는 사무실에 맞는 행동 양식이 존재합니다. 그런데 집에서만 해야 하는 행동을 사무실에서 아무 생각 없이 하고 있지는 않은지, 신입사원 여러분은 한 번쯤 다음과 같은 질문을 던지며 자신을 되돌아보아야 합니다.

"내 행동이나 말이 어떤 메시지를 전달하고 있는가?"

"나의 전문성과 조직에 대한 태도를 해치는 언행을 부주의하게 하고 있지는 않은가?"

사무실에서 마스크팩에 헤어롤까지

골프용품 관련 업체에서 보고 브리핑 강의를 진행했을 때의 일이었습니다. 교육장인 대회의실이 안쪽에 있기에 크고 작은 사무실과 회의실을 지나가다 깜짝 놀랄 만한 광경을 보았습니다. 복도의 투명 유리창 너머로 상석에 앉은, 관리자로 보이는 두 여성이 동물 모양의 마스크팩을 얼굴에 붙이고 있는 게 눈에 들어오는 게 아니겠습니까. 화장품 관련 회사라면 어느 정도 이해가 가지만, 전혀 연관성이 없는 회사이기에 교육 담당자에게 조용히 상황을 물어보았습니다.

담당자는 조심스럽게 대답을 해주었습니다. 해당 부서는 여직원이 절대다수인데, 출근할 때는 물론 회의나 고객사 미팅 때도 일부 직원이 앞머리에 헤어롤을 큼지막하게 말고 있는 등 부적절한 모습을 보였다고 합니다. 그래서 그런 직원들을 대상으로 상사 두 명이 거울 치료를 하고 있는 상황이라고 했습니다.

대놓고 지적하기 어려운 요즘, 조직 내에서 갑질이나 꼰대 문화에 대한 논란이 많아지자 상사들이 유사한 상황을 만들어 거울 치료를 한다니, 그야말로 웃기면서도 슬픈 현실이었습니다.

또 점심시간을 이용해서 네일아트를 하고 돌아오는 직원도 있습니다. 점심시간은 자유시간이니 무엇이든 해도 된다고 여길 수도 있지만 그러고 와서는 손 쓰면 안 된다면서 업무를 제대로 해내지 못하는 모습을 보이기도 합니다. 어떤 경우는 출근할 때는 후줄근한 모습이었는데 퇴근 직전에 한참 자리를 비웠다가 풀 메이크업 상태로 대변신을 하고 돌아오는 직원도 있습니다. 이런 상황이 한두 번도 아니고 계속 반복된다면 과연 동료들이 어떤 시선으로 바라볼까요?

장소와 업무에 맞지 않는 언행은 조직 내에서 다른 동료들에게 부정적인 인식을 심어줄 가능성이 큽니다. 말은 하지 않아도 눈살을 찌푸리는 동료가 있을 수 있습니다.

슬리퍼까지 신경 써야

복장 중에서 의외로 사람들이 괜찮겠지 하며 신경을 덜 쓰는 게 신발입니다. 많은 직장이 사무실에서 슬리퍼 신는 것을 허용합니다. 하지만 지나치게 캐주얼한 슬리퍼는 외부 방문객이나 공식 업무 상황에서 비전문적으로 보일 수 있습니다.

"아이고, 강사님들 오시느라 고생 많으셨습니다. 강의실 이동 전에 먼저 이쪽 사무실로 모시겠습니다."

큰 교육 행사를 기획 운영하는 H팀장이 그야말로 버선발로 달려와 우리 회사 강사들을 맞이해주었습니다.

서로 인사를 나누는 짧은 순간, 강사진들은 H팀장의 취향을 금세 파악할 수 있었습니다. 성인 손으로 한 뼘쯤 되어 보이는 높은 통굽 슬리퍼를 신었는데 앞쪽에 분홍색 인조퍼와 주먹만 한 분홍 고양이 캐릭터가 있었기 때문입니다. 팀장의 손에 쥐어진 볼펜도 같은 고양이 캐릭터로 장식되어 있었습니다.

옆에 서 있던 주임의 실내화도 눈길을 끌었습니다. 블링블링한 고가의 명품 슬리퍼로, 큼지막한 하이브랜드 로고가 인상적이었습니다. 이를 보며 '와, 부자인가? 명품 슬리퍼를 실내화로 쓰다니'라는 감탄이 나올 법도 했습니다. 하지만 이 글에서 하고 싶은 말은 그런 것이 아닙니다. 개인의 취향을 비판하자는 의도 역시 아닙니다. 사실, 슬리퍼 자체에는 아무런 잘못이 없습니다. 문제는 슬리퍼의 주인이 공식적인 업무 환경에서 편안함과 전문성의 균형을 잡지 못했다는 점입니다.

사무실에서 편안한 슬리퍼를 착용하는 것이 허용된다 하더라도, 공식적인 자리나 외부 방문객과의 만남, 임원과의 회의 등에는 적합한 신발로 교체하는 것이 바람직합니다.

특히 여름철 맨발에 슬리퍼를 신고 다니는 직장인들을 종종 볼 수 있습니다. 조직 문화가 유연하고 자유로운 곳에서는 이러한 복장이 허용될 수 있지만, 그렇지 않은 환경이라면 피하는 것이 좋습니다. 지나치게 화려하거나 눈에 띄는 디자인의 슬리퍼도 마찬가지로 업무 환경에 적합하지 않을 수 있습니다.

슬리퍼는 단순한 신발이지만, 직장 내에서 당신의 태도와 이미지를 반영하는 요소가 될 수 있습니다. 편안함을 유지하면서도 상황에 맞는 선택을 통해, 업무에 대한 진지함과 전문성을 동시에 보여주세요.

예의 있는 행동은 팀워크와 생산성을 높인다

하버드 경영대학원에서 월간으로 발간하는 〈하버드비즈니스리뷰(Harvard Business Review)〉에 직장 내에서 불쾌한 행동을 목격한 동료들은 스트레스를 느끼고, 이로 인해 장기적으로는 업무 몰입도가 저하된다는 논문이 실린 적이 있습니다. 개개인의 행동은 그저 자신에게만 귀속되는 것이 아니라 공동체 생활에 영향을 미칠 수밖에 없다는 방증입니다.

누군가에게는 마스크팩, 헤어롤, 화려한 슬리퍼 등이 사소한 개인 취향으로 보일 수 있으나 직장이라는 공동의 공간에서 이런 행동이 반복된다면, 이는 동료들에게 심리적 불편을 넘어 조직 문화의 문제로까지 확대될 수 있습니다.

신입사원이나 사회 초년생이라면 자신의 행동이 직장 내 다른 사람에게 어떤 영향을 미칠 수 있는지 한 번 더 고민해보아야 합니다. 작은 예의와 배려가 쾌적한 업무 환경과 긍정적인 관계를 만듭니다.

결국, 직장에서의 행동은 개인의 태도를 나타내는 중요한 지표가 됩니다. 다른 사람을 배려하는 작은 행동이 신뢰와 존중을 쌓는 기반이 될 것입니다.

사회생활은 결국 자신을 표현하고, 타인과의 관계를 맺어가는 과정의 연속입니다. 자유로움 속에서도 자신만의 브랜드를 구축하면서 타인에게 신뢰를 주는 행동을 해보세요. 이것이 직장 내 성공을 위한 기본입니다.

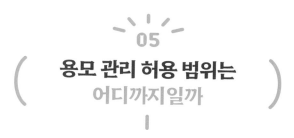

05
용모 관리 허용 범위는
어디까지일까

〈미국 치료관리 저널(American Journal of Infection Control)〉이 공동체 공간에서의 행동을 연구했는데 그에 따르면 개인적인 위생 습관이 타인에게 노출될 때, 그 행위가 의도적이든 무의식적이든 주변 사람들에게 불쾌감을 유발할 가능성이 높다고 합니다.

사무실은 사적 공간이 아닙니다. 동료들과 상호 존중과 협력을 기반으로 운영되는 공적인 공간입니다.

손톱 깎기와 향수 뿌리기

길게는 1년, 짧게는 1~2개월 정도의 현장 경험을 가진 풋풋한

지방직 공무원들을 대상으로 직장 예절 교육을 진행한 적이 있습니다. 하루는 사무실에서 동료들의 예의 없는 행동으로 불편함을 느꼈던 경험을 나누었는데, 한 교육생의 발언으로 인해 강의장이 온통 웃음바다가 되었습니다.

그 교육생은 월요일 아침 사무실에 출근해 팀장님의 손톱 깎는 소리를 들으며 '아, 오늘이 월요일이구나'라고 느낀다고 했습니다. 놀랍게도 그 상사분은 손톱뿐 아니라 발톱까지 사무실에서 깎았다고 했습니다.

"와, 문화 충격! 손톱은 봤는데 발톱 이야기는 또 처음이네요."

"그 팀장님에게 말해서 다 같이 모여서 손발톱 깎기 대회라도 열어보는 건 어떨까요?"

"딸깍딸깍! 톡톡! 손발톱 깎는 소리에 맞춰 랩이라도 하면 재미있겠네요."

시작은 그렇게 무겁지 않은 분위기였으나 곧 진지하게 사무실이라는 공동 공간에서 개인 용모 관리 습관이 가져오는 불편함과 이런 유의 행동을 어디까지 허용해야 할지에 대한 논의로 이어졌습니다.

사무실에서 손톱이나 발톱을 깎는 행동은 단순히 소음이나 시각적 불쾌감을 주는 것으로만 그치지 않습니다. 깎은 조각이 주변으로 튀거나 바닥에 남을 수 있어 위생적으로도 문제가 됩니다. 이런 행동은 공동의 공간에서 지켜야 할 기본적인 예의를 어기는 것입니다.

"손톱 깎는 건 문제도 아니에요. 그건 그나마 잠깐이잖아요."

한 교육생은 같은 사무실에 향수를 머리가 아플 지경으로 과도하게 뿌리는 동료가 있다며 한숨을 쉬었습니다.

'적당히 뿌리라고 규정이라도 만들어야 하지 않을까요?'라는 의견이 나왔지만, 향수는 복장처럼 명확한 기준을 만들기가 어렵습니다. 향의 강도나 종류는 사람마다 선호도와 민감도가 다르기 때문입니다. 어떤 사람에게는 향기롭고 편안하게 느껴지는 향이 다른 사람에게는 두통과 불쾌감을 유발할 수 있습니다.

쾌적하고 효율적인 업무 공간 만들기

이 두 가지 사례는 직장에서 개인 행동을 어디까지 허용해야 하는지에 대한 중요한 질문을 던집니다.

사무실에서 손톱을 깎는 행동은 소음, 위생 문제, 시각적 불쾌감 등을 불러일으킵니다. 따라서 손발톱은 사무실이 아닌 집에서 관리하는 습관을 기르는 것이 최선입니다. 급한 경우라면 사무실 내 화장실이나 휴게 공간 등 동료들에게 방해가 되지 않는 곳에서 처리해야 합니다.

　향수 사용 또한 크게 다르지 않습니다. 개인의 취향이지만 과도한 향수 사용은 동료들에게 불편을 줄 수 있습니다. 나에게는 매력적인 향기가 타인에게는 지독한 냄새가 될 수 있으니까요. 그뿐인가요, 일부 향은 알레르기 반응이나 두통을 유발하기도 합니다. 같은 공간을 사용하는 만큼 향수를 뿌릴 때 동료들을 배려하는 게 중요합니다.

　결국 대원칙은 기본적인 직장 예절을 이해하고 지키는 것입니다. 직장은 모든 구성원이 쾌적하고 효율적으로 업무를 수행할 수 있는 장소가 되어야 합니다. 개인의 편의와 습관이 타인에게 불편을 초래한다면, 이는 조직 내 신뢰와 관계에도 부정적인 영향을 미칩니다.

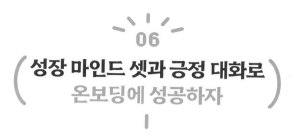

06
성장 마인드 셋과 긍정 대화로
온보딩에 성공하자

신입사원 시절에는 외적인 이미지 관리도 중요하지만, 어쩔 수 없이 생기는 실수와 갈등으로 인해 복닥거리는 마음 관리도 중요합니다. 신입사원은 당연히 모든 업무에서 실수할 수밖에 없습니다. 새로운 환경과 낯선 업무에 허우적거리고 있는 신입사원이라면 하루하루 칭찬보다는 눈총과 꾸중, 질책을 받는 경우가 더 많을 수밖에 없습니다.

신입사원에게 이는 피할 수 없는 버거운 스트레스로 다가오지만 그럴수록 이를 잘 수용하고 극복해 나가야 성공적으로 배에 올라타는 온보딩(onboarding)이 가능해집니다.

온보딩은 1970년대 만들어진 경제학 용어로 단순히 업무 방식이나 절차를 배우는 것을 넘어, 심리적 안정감을 얻어 조직의 일부로서 자기 자리를 잘 찾아내도록 하는 데 초점이 맞추어져 있습니다. 즉, '조직에 새롭게 합류한 구성원이 조직 문화와 업무 환경에 적응하도록 돕는 과정'이라는 의미로 확장된 것입니다. 성공적인 온보딩은 신입사원의 장기적인 성과와 조직 몰입도를 높이는 데 핵심적인 역할을 합니다.

〈하버드 비즈니스 리뷰〉에 따르면, 체계적인 온보딩 과정을 거친 신입사원은 그렇지 않은 경우에 비해 조직에 더 오래 머물 확률이 69퍼센트나 높다고 합니다.

성장 마인드 셋으로 무장하기

성공적으로 온보딩하는 데 가장 중요한 요소는 도전하고 실수하는 과정을 성장의 기회로 받아들이려는 자세입니다. 스탠퍼드 대학 심리학과의 캐럴 드웩(Carol Dweck) 교수는 '성장 마인드 셋(Growth Mindset)' 이론을 주창했습니다. 이에 따르면 실패와 실수를 학습의 기회로 삼는 태도가 개인의 성장에 큰 영향을 미친다고 합니다. 신입사원에게 중요한 것은 실수를 자책하기보다는 이를 통해 무엇을 배웠는지 돌아보는 것입니다.

매일의 작은 성취를 기록하고 자신을 칭찬하는 습관을 가져야 합니다. 예를 들어, 새로운 동료와 자신 있게 인사를 나눴거나 업무 관련 용어를 하나 더 익힌 것도 소중한 성과로 간주하세요. 긍정적인 사고는 스트레스를 줄이고 업무 몰입도를 높이는 효과가 있습니다. 신입사원 시절은 배움의 연속이라는 것을 잊지 말아야 합니다.

저명한 심리학 격월 학술지 〈긍정심리학저널(Journal of Positive Psychology)〉에 따르면, 긍정적인 감정을 자주 느끼는 사람은 그렇지 않은 사람보다 문제 해결 능력이 뛰어나다고 합니다.

노력하면 언제든지 능력을 향상시킬 수 있다는 성장 마인드 셋으로 무장하고 멘털 관리를 해보세요.

긍정적인 자기 대화로 하는 멘털 관리

신입사원의 멘털 관리는 '자기 생각 관찰하기'부터 시작해야 합니다. 일단 자신이 부정적인 생각을 하고 있음을 인지하고 주로 어떤 상황에서 부정적인 생각을 하는지 분석해보세요. 이를 위해 매일 저녁 자기 생각을 기록하는 것도 효과적입니다.

그다음 스스로에게 긍정적인 자기 대화(Self-Talk)를 건네세요. 이는 자기 자신을 향한 위로, 격려, 칭찬으로 부정적인 자기 대화와 대비됩니다.

"나는 충분히 잘하고 있어."

"이 또한 지나갈 거야."

"해낼 수 있어."

이런 긍정적인 문구를 반복하며 스스로를 격려해야 합니다.

이는 자기 효능감 증진에도 큰 효과가 있습니다. 긍정적인 메시지를 꾸준히 건네는 것은 업무 성취감을 높이고 도전을 두려워하지 않게 만듭니다.

다음 두 사람 중에 어떤 사람이 더 빨리 자신감을 회복하고 감정적으로 안정감을 얻을 수 있을까요? 같은 상황이라도 어떻게 해석하고 받아들이느냐에 따라 멘털 관리에 큰 차이가 생깁니다.

- 긍정적인 자기 대화 "이번 실수는 나에게 중요한 교훈을 줬어. 다음에는 더 잘할 수 있어."
- 부정적인 자기 대화 "나는 항상 이런 식이야."

업무 보고 과정에서 실수했다고 가정해보면 어떤 자기 대화를 나누었을 때 더 빨리 배우고 성장할까요?

- 긍정적인 자기 대화 "이번 실수를 통해 보고서 작성의 중요성을 배웠어. 다음에는 더 꼼꼼히 준비해야지."
- 부정적인 자기 대화 "나는 이런 간단한 것도 못해. 모두가 나를 무시할 거야."

도전은 무한히 인생은 영원히

신입사원에게 중요한 것은 스트레스를 빠르게 해소하고 다음 행동으로 나아가는 것입니다. '신입사원 시절은 누구나 서툴고 실수를 반복하는 시기! 하지만 이 시기를 어떻게 바라보고 대처하느냐에 따라 개인의 성장 속도와 방향이 크게 달라질 수 있다!'를 깨닫고 지금 이 순간부터라도 자신에게 따뜻한 말을 건네보는 것은 어떨까요? 그 작은 변화가 성공적인 커리어의 시작이 될 것입니다.

유재석의 〈말하는 대로〉라는 노래가 있죠.

말하는 대로 말하는 대로

될 수 있다고 될 수 있다고

그대 믿는다면 *(중략)*

도전은 무한히 인생은 영원히….

자신의 꿈과 바람을 실현하기 위해서는 긍정적으로 생각하고 행동해야 합니다. 이 노래처럼 우리도 자기 자신을 믿고, 자신만의 스트레스 관리법을 만들어내야 합니다.

출근러의 생존법: 신입사원을 위한 회사 생활 A to Z

07

자신만의
감정 컨트롤 기법을 익힌다

누구나 한 번쯤은 어떤 상황에서 도망치고 싶은 순간을 경험합니다. 특히 신입사원이라면 상사에게 보고하거나, 다른 부서도 참여하는 전체 회의에서 발표해야 하는 상황이 낯설고 부담스러울 수 있습니다. 심장이 두근거려 심장 박동 소리가 귀에까지 들리는 듯하고 온몸이 떨려오면서 불안에 휩싸인다면 어떻게 해야 할까요?

직장 생활을 한다면 이런 상황을 완전히 피할 수 없으니 떨리고 불안할 때 감정을 달래줄 자신만의 방법을 개발해야 합니다. 누구는 아무 생각 없이 숫자를 세기도 하고 또 누구는 일을 성공적으로 끝마치고 웃는 모습을 시각화하며, 고무밴드를 손목에 착용하고 살짝 튕겨서 자극에 집중하기도 합니다.

가장 간단하면서도 효과적인 방법을 하나 소개해볼까요? 바로 '심호흡'입니다.

심호흡은 가장 간단하면서도 효과적인 감정 컨트롤 도구

심호흡은 몇 차례 반복하는 것만으로도 심리적 안정감을 찾아 줍니다. 무엇보다 특별한 도구나 공간이 필요하지 않아 언제 어디서나 손쉽게 할 수 있습니다. 앉아서는 물론 서서도 할 수 있습니다.

준비가 충분하지 않은 상태에서 중요한 발표를 해야 하거나, 회사에 부정적인 이슈가 발생해 이를 상사에게 보고해야 하는 상황은 생각만으로도 불안감을 불러일으킵니다. 불안감을 느끼면 사람의 목, 어깨, 허리 등 특정 부위의 근육이 경직되며, 사고 또한 단편적으로 흐르거나 과도한 걱정에 사로잡히기 쉽습니다. 이럴 때 심호흡을 하면 부교감 신경계를 활성화해 심장 박동 수와 혈압을 낮춰 신체적·정신적으로 안정감을 되찾을 수 있습니다. 또 스트레스 호르몬인 코르티솔의 분비를 줄여 불안감을 완화합니다. 그러면 긴장이 풀리고 다시 눈앞의 업무에 집중해 해

1. 의자에서 등을 곧게 세우고 두 손은 무릎 위에 편안하게 올린다.

2. 코로 숨을 깊이 들이마시며 배가 부풀어 오르는 것을 느낀다(4초).

3. 숨을 들이마신 상태로 멈춘다(2초).

4. 다시 입으로 천천히 숨을 내쉬며 배가 가라앉는 것을 느낀다(6초).

5. 이 과정을 5~10회 반복한다.

TAKE A DEEP
BREATH

결할 힘을 얻을 수 있습니다.

깊고 천천히 숨을 쉬면서 마음을 가다듬고, 신체와 정신의 균형을 회복해보세요. 이 작은 습관이 업무와 일상에서 큰 변화를 만들어줄 것입니다.

호흡명상으로 감정 들여다보기

자신의 감정을 정확히 이해하면, 타인에게 부정적인 감정을 불필요하게 표출하지 않게 됩니다. 또 갈등 상황에서도 감정을 조절하며 더 성숙하고 협력적인 태도로 대처할 수 있습니다. 감정을 다룬다는 것은 곧 자기 통제력을 높인다는 것입니다. 그러니 감정을 올바르게 이해하고 활용할 수 있어야 합니다.

미국심리학협회(American Psychological Association)의 연구에 따르면, 감정을 명확히 이해하고 다룰 줄 아는 사람은 문제 해결 과정에서 더 창의적이고 유연한 접근을 보인다고 합니다. 이는 감정의 부정적인 영향을 줄이고, 긍정적인 동력을 발견할 수 있기 때문입니다.

신입사원도 사람인지라 욱하는 순간이 수시로 생깁니다. 이때 심호흡을 확장시켜 감정을 탐구하고 관리하는 시간을 가져보기를 추천합니다. 오랜 시간이 필요하지도 않습니다. 단 5~10분 정도면 충분합니다. 잠시 시간을 확보해 조용한 공간을 찾으세요. 마음이 상했던 공간에서 벗어나는 것이 중요합니다. 탕비실이나 옥상처럼 새로운 환경으로 이동하면 좋습니다. 작은 환경 변화가 생각보다 큰 차이를 만듭니다.

장소를 찾았다면, 바닥에 편안하게 앉거나 의자에 앉아 등을 곧게 세웁니다. 편안하지만 바른 자세가 중요합니다. 바른 자세에서 바른 생각이 나옵니다. 그다음 눈을 감고 호흡에만 집중해 짧은 명상을 해보세요.

명상이라고 해도 어려울 것이 없습니다. 그저 숨이 들어오고 나가는 과정을 느끼다 이런저런 감정이 떠오르면 억누르려고 하지 말고 '내가 왜 이렇게 느끼는가?'라는 질문을 스스로에게 던지고 답하면 됩니다. 단순히 '기분 나쁘다', '화가 난다', '짜증 난다' 같은 부정적인 감정으로 몰아가기보다, 지금 내 감정이 정확히 어떤 상황에서 비롯되었는지 구체적으로 파악하는 것이 중요합니다.

예를 들어, 화가 나는 이유가 보고를 제대로 하지 못해 자기 자신에게 실망해서인지, 아니면 더 잘하고 싶은 마음에서 비롯된 아쉬움 때문인지 구체적으로 탐구해보세요. 이렇게 감정의 근본적인 원인을 이해하면 부정적인 감정에 휩쓸리지 않고 상황을 보다 객관적으로 바라보며 효과적인 문제 해결 방법도 찾을 수 있습니다.

이 과정을 여러 차례 반복하면 감정 통제력이 높아집니다.

08
(업무 목표를 세분화해서
성공 루틴을 불러온다)

온보딩 기간 동안 목표를 세분화하고 실행 가능하도록 만드는 것이 중요하다고 했습니다. 예를 들면 다음과 같이 단계별 업무 목표를 설정할 수 있습니다.

- 첫 주 조직 구조와 동료들의 이름 외우기
- 첫 달 부서별 프로젝트와 주요 업무 흐름 이해하기
- 첫 3개월 독립적으로 작업할 수 있는 업무 늘리기

업무 목표를 구체적으로 세분화해서 설정하면, 성취 과정을 시각적으로 확인할 수 있어 동기부여에 긍정적인 영향을 미칩니다. 누군가 시켜서 하는 일 이외에도 스스로 목표를 설정하고 성취해 나가면서 자신이 쌓은 업무 성과를 기록해보세요. 자기 주도적으로 업무를 계획하고 실천하는 모습을 보이면 신입사원으로서 빠르게 신뢰를 구축하고 자신의 역량을 효과적으로 어필할 수 있습니다.

어제보다 오늘, 내일 더 성장하는 모습 만들기

신입사원으로서 온종일 깨졌거나 투명인간 취급을 받았다 해도 괜찮습니다. 다 지나갈 거니까요. 여러분은 분명히 어제보다 오늘, 오늘보다 내일 더 성장하고 변화할 것입니다. 그러니 사소한 긍정 요소나 칭찬할 점을 찾아내어, 스스로를 격려하고 응원하세요. 이럴 때일수록 정신적 승리가 필요하며, 이를 통해 성취감과 자신감을 더욱 키울 수 있습니다.

'동기 사랑 나라 사랑'이라는 말이 괜히 있는 게 아닙니다. 입사 동기들과 고민을 나누고 도움도 주고받으면서 의지하는 것 역시 큰 힘이 됩니다.

점심시간이나 짧은 대화 시간을 활용해 동료들과 유대감을 쌓아보세요. 안정적인 인간관계는 조직 적응을 도와 업무 몰입도를 높이는 데 긍정적인 영향을 미칩니다.

그렇다고 지나치게 관계에만 의존해서는 안 됩니다. 신입사원을 거쳐 일잘러로 거듭나고 싶다면, 효율적인 업무 루틴을 만들어보세요. 하루의 성공은 아침 준비에서 시작된다는 말이 있습니다. 하루 경영을 잘하는 사람이 인생 경영을 성공적으로 하게 되는 것이죠.

나만의 업무 루틴 만들기

출근했다면 전날 업무를 마무리하며 작성한 '할 일 목록(To-Do List)'을 검토하고, 당일 업무의 우선순위를 정리하세요. 그러면 하루의 흐름이 훨씬 매끄러워집니다. 아침 커피를 한 잔 마시면서 SNS를 훑어 내려가기보다 '오전 중 이메일 확인 및 중요한 업무 처리 → 오후 회의 준비 및 보고서 작성' 등 오늘 회사에서 해야 할 업무를 훑어보는 게 훨씬 더 유용합니다.

출근 후 30분의 시간을 효율적으로 활용하면 생산성을 높일 수 있습니다. 책상 정리, 이메일 확인, 당일 회의 일정 점검 등 간단한 작업으로 하루의 기초를 다지세요. 이 루틴은 정신적인 안정을 가져다줄 뿐만 아니라 동료와의 커뮤니케이션에도 긍정적인 영향을 미칩니다.

지금 우리 사무실이 어떻게 돌아가는지 파악하는 것도 아주 중요합니다. 조직의 업무 흐름을 이해하려면 동료들이 사용하는 도구와 시스템, 커뮤니케이션 방식에 익숙해져야 하겠죠. 커피한 잔 마시면서 동료에게 질문하거나, 조직의 매뉴얼과 자료를 읽는 시간을 만들어보세요.

"업무 루틴 중 가장 중요한 것은 무엇인가요?"

신입사원들에게 가장 많이 받는 질문 중 하나입니다. 이 질문에 항상 강조하는 것이 바로 '보고 루틴'입니다. 상사와 정기적으로 소통하며 업무 상황을 공유하는 습관을 들이면 신뢰를 쌓는데 큰 도움이 됩니다. 예를 들어, 매일 업무 마감 전에 오늘의 진행 상황과 내일의 계획을 간단히 정리해 보고하는 루틴을 만들어보세요. 이런 작은 습관이 상사와의 소통을 원활하게 하고, 신뢰를 구축하는 초석이 됩니다.

특정 시간에 특정 작업에 집중하는 시간 블록 기법의 활용도 추천합니다. 예를 들어 '오전 9시부터 11시까지는 집중 업무 시간'으로 정해 잡다한 일에 정신 팔지 말고 생산성을 높이는 것입니다. 신입사원이 개인적으로 집중 시간대를 정하는 것이 힘들 수 있지만 짧게라도 오롯이 업무에 집중하는 습관을 들여보세요. 그러면 빠르게 업무에 적응하고 성과를 낼 수 있습니다.

작은 습관이 만들어내는 큰 변화

업무 기록 일지를 작성하는 습관도 들이세요. 이는 누가 시켜서 하는 것이 아니라 스스로를 위해 반드시 해야 하는 루틴입니다. 매일 퇴근 전에 하루 동안 진행한 업무를 기록하고 간단히 검토해보세요. 오늘 자신이 어떤 일을 했는지, 무엇을 배우고 느꼈는지 파악하면서 스스로의 업무 효율성을 점검할 수 있습니다. 바쁜 하루를 보내고 퇴근하는 일이 반복되다 보면 '나는 조직에서 쓸모없는 사람일지도 모른다'는 생각이 들 수도 있습니다. 하지만 매일의 기록은 당신이 어떤 기여를 하고 있는지, 그리고 개선할 방향이 무엇인지 명확히 보여줄 것입니다.

신입사원으로서의 첫걸음은 분주하고 혼란스러울 수 있습니다. 하루가 정신없이 지나면 '나는 오늘 무엇을 했는가?'라는 질문에 선뜻 답하기 어려운 날도 많을 것입니다.

매일 업무 목표를 정하고, 자신만의 보고 체계를 구축하고, 시간을 효율적으로 관리하며, 하루의 성과를 기록하고 점검하는 습관을 들이세요. 단순히 주어진 업무를 소화하는 데 그치지 말고, 스스로의 목표와 방향성을 설정하고 이를 실천하는 루틴을 만들어보세요.

09

신체적으로 최상의
컨디션을 유지한다

지긋지긋한 취업준비생 시절을 마치고 나면, 꽃길을 응원하는 축하 인사 자리가 많아집니다. 조심스럽게 잔소리 같은 조언을 전합니다. 취직에 성공했다는 기쁨에 취해 여기저기 회식과 축하 자리를 쫓아다니는 것은 절대 추천하지 않습니다. 늦은 시각까지 술자리를 가지면 당연히 충분한 수면을 취하기가 어렵고, 이는 다음 날 회사 생활에 엄청난 지장을 줄 수 있기 때문입니다.

수면은 단순히 신체적인 피로만 불러오는 게 아닙니다. 몸이 피곤하면 정신적으로도 약해집니다. 특히 온보딩 기간에는 스트레스와 정보 과부하로 인해 수면 부족이 발생할 가능성이 높은

데, 술자리로 인해 취침에 지장이 생기면 더 치명적일 수밖에 없습니다.

수면 부족은 업무 실수와 대인관계 문제 야기

미국의 비영리 단체인 국립수면재단(National Sleep Foundation)의 연구에 따르면, 성인은 하루 최소 7~9시간의 수면을 취해야 합니다. 수면 시간이 부족하면 집중력, 기억력, 그리고 정보 처리 능력이 저하됩니다. 또 스트레스 호르몬인 코르티솔 수치가 증가하며 불안감과 부정적인 감정이 커질 수 있습니다.

다시 한번 강조하지만, 신입사원 시절의 수면 부족은 단순히 피로감을 느끼는 것을 넘어 업무 실수와 대인관계 문제로 이어질 가능성이 매우 높습니다.

너무 당연해서 놓치기 쉬운 건강한 수면 습관 만들기의 기본은 정해진 시간에 잠들고 깨기입니다. 일정한 수면 패턴은 생체 리듬을 안정시켜줍니다. 그다음이 많은 사람이 너무도 어려워하는 전자기기 사용 줄이기입니다. 적어도 잠들기 1시간 전에는 스마트폰이나 노트북을 사용해서는 안 됩니다. 전자기기의 전자파는 수면을 유도하는 호르몬인 멜라토닌(melatonin)의 분비를 방해합니다.

'세상 재미있는 일들은 내가 잠든 밤에 일어난다'는 말이 있지만, 이튿날 업무에 지장을 초래하지 않도록 절제와 수면 관리가 필수입니다. 성공적인 온보딩을 위해서는 건강한 수면 습관 들이기가 기초 작업임을 잊지 말아야 합니다.

건강한 수면은 단순한 휴식 이상의 가치를 지닙니다. 이는 신입사원으로서 온보딩 과정에서 최상의 성과를 내기 위한 기반이며, 장기적으로 성공적인 직장 생활을 만들어가는 데 필수적인 요소입니다.

건강하고 깔끔한 이미지 만들기

신입사원이 축 처져 있거나 늘 울상을 하고 있다면 어떨까요? 출근 만원 지하철에서 몸이 파김치가 되도록 시달렸더라도 회사 앞에서 자신의 모습을 점검해 젊은이다운 패기와 긍정적인 모습을 다시 장착하고 회사에 들어가야 합니다. 밝은 미소, 자신감 있는 목소리로 아침 인사를 건네는 것부터가 신입사원의 업무입니다.

큰 병이 드는 것은 어쩔 수 없는 일이지만 감기나 몸살 등 사소한 질병에 자주 시달리는 모습을 보여주는 것도 좋지 않습니다. 잠을 잘 자고, 잘 먹고, 적절한 운동을 규칙적으로 하고, 간간이 휴식을 취하는 등 몸관리에 신경 써야 합니다.

　신입사원은 처음부터 모든 것을 잘할 수도, 잘할 필요도 없습니다. 그러나 '건강하고 깔끔한 이미지로 호감을 주는 사람'이 되는 것은 언제나 중요합니다.

신체적, 정신적 준비로 온보딩 파도 이겨내기

　정리해보면, 신입사원의 성공적인 온보딩은 신체적, 정신적 준비가 모두 갖춰져야 가능합니다. 신입사원 시절, 새로운 환경에서 오는 긴장감과 스트레스는 피할 수 없는 도전입니다. 그러나 감정을 효과적으로 관리하는 능력을 키운다면, 이러한 상황을 극복하고 자신감을 가질 수 있습니다. 업무를 배우면서 긴장감과 스트레스로 감정 기복이 심해진다면 긍정적인 자기 대화와 심호흡, 명상을 통해 마음을 안정시켜야 합니다.

　온보딩 과정은 업무를 배우는 것을 넘어, 신입사원이 조직의 일원으로 자리 잡기 위해 험난한 파도를 넘나들며 헤쳐나가는 과정과 같습니다. 부디 파도가 잔잔해지는 곳까지 무사히 갈 수 있도록 건강한 몸과 마음을 만들어가야 합니다. 실수와 도전을 두려워하지 말고 성장의 발판으로 삼는 자세로 기본과 원칙에 충실하면서도 자기 자신을 돌보는 습관을 길러보세요. 이는 온보딩의 성공뿐 아니라, 향후 직장 생활을 해나가는 데 있어 중요한 기반이 될 것입니다.

2장

성공적인 직장 생활,
태도에서 시작된다!

01
눈치가
밥 먹여준다

이 책을 읽고 있는 여러분은 혹시 이런 생각을 한 적이 있지는 않나요?

'인턴과 아르바이트 경험을 할 만큼 했는데 왜 신입사원 생활은 이렇게 힘든 거지?'

'부서 사람들과는 대화가 잘 안 통하는 것 같고, 이 조직은 나랑 안 맞는 것 같아!'

이런 생각이 머릿속을 떠나지 않는다면, 아마도 조직 문화라는 새로운 언어를 배우는 데 필요한 준비가 조금 부족했는지도 모릅니다.

곰보다 여우가 낫다

신입사원에게 가장 중요한 것은 빠른 적응력입니다. 그리고 그 과정에서 '눈치'는 빼놓을 수 없는 요소입니다. 때로는 곰처럼 우직한 태도가 필요하지만, 여우처럼 재빠르고 센스 있게 상황을 파악하고 대처하는 능력도 있어야 합니다.

K라는 신입사원이 있습니다. 그는 자신만의 방식대로 일을 처리하며 팀워크를 무시했습니다. '왜 이렇게 해야 하죠?'라고 반문하며 조직의 방식을 이해하기보다 자신의 방법을 고집했습니다. 학부 시절 이런 일처리 방식으로 연구에 몰두할 수 있었고 학점도 좋게 나왔으니까요.

그러나 조직 안에서의 결과는 어땠을까요? K사원은 결국 조직에서 고립되었고, 동료들과의 관계를 회복하는 데 오랜 시간이 걸렸습니다.

반면 또 다른 신입사원 J는 조직의 문화를 배우는 데 집중했습니다. 어느 부분에서는 다소 이해가 안 가기도 했지만 점심시간에 선배들과 적극적으로 대화를 나누며 조직의 정서와 문화를 이해하기 위해 노력했습니다.

그 결과, 그는 빠르게 팀의 신뢰를 얻었고 중요한 프로젝트에 참여할 기회도 잡았습니다.

출근러의 생존법: 신입사원을 위한 회사 생활 A to Z

전략적으로 활용하는 눈치

눈치가 밥 먹여주는 시대입니다. 직장에서는 단순히 밥을 먹여주는 것을 넘어, 관계를 만들고 기회를 잡는 데 중요한 역할을 합니다. 특히 신입사원이 빠르게 조직 문화를 이해하고 자리를 잡으려면 이 눈치를 전략적으로 활용해야 합니다.

"눈칫밥이 싫다면 눈치를 챙겨라."

학창시절 한국사 선생님이 수업 시간에 했던 말이 떠오릅니다. 당시에는 단순히 시험공부에 대한 조언인 줄 알았는데 성인이 되고 나서 그 말이 직장 생활에도 적용된다는 것을 깨달았습니다. 이해되지 않는 것이라도 일단 외우고 몸에 익히는 것이 빠른 적응으로 가는 첫걸음일 수 있습니다.

신입사원으로서 첫 보고서를 작성했는데 상사의 스타일을 이해하지 못해 지적을 받았다면 어떻게 생각해야 할까요?

"왜 이렇게 해야 하죠?"라고 질문하기보다는 '이렇게 하는 이유가 있겠구나'라는 마음으로 그 방식을 몸에 익히는 것이 좋습니다. 시간이 지나면 그 이유가 자연스럽게 이해되는 순간이 옵니다. 이런 태도는 단순한 '눈치'가 아니라 현명한 적응력이라 할 수 있습니다.

열린 마음이 부르는 성공

조직 문화에 적응하려면 열린 마음과 성찰이 중요합니다. '이 조직은 왜 이럴까?'보다 '내가 무엇을 배울 수 있을까?'라는 자세를 가져보세요. 열린 마음은 낯선 환경에서 자신을 보호하며 성장하도록 돕는 방패와도 같습니다.

그토록 꿈꾸던 취업에 성공했지만, 막상 입사해보니 현실이 기대에 못 미칠 수도 있습니다. 조직 문화, 업무 방식, 상사와의 관계 등이 예상과 다를 때, 실망감을 느끼는 것은 자연스러운 일입니다. 여기에 조직에 대한 이해 부족까지 더해지면, 불만을 감정적으로 표출하며 부적절한 태도를 보일 수 있습니다.

기본적인 예의와 조직의 소통 방식을 고려하지 않은 채 이를 '솔직함'이나 '직설적인 소통'이라고 착각하는 경우도 있습니다. 자신이 살아온 환경이나 추구하는 가치관, 철학이 조직의 방향성과 다르다는 이유로 마음을 닫고, 부정적인 말을 서슴없이 내뱉는 것이지요.

"이 조직은 이상하다."

충분히 이해할 만한 반응입니다. 그러나 이를 노골적으로 드러내고, 부정적인 태도로 일관하는 모습을 보여서는 안 됩니다. 이

출근러의 생존법: 신입사원을 위한 회사 생활 A to Z

러한 태도는 조직 적응을 어렵게 만들고, 더 나아가 자신의 직장 생활을 더욱 힘들게 할 뿐이기 때문입니다.

우리는 모두 자신만의 개성을 지닌 유일한 존재이기에 조직이나 동료들이 내 기대에 100퍼센트 맞을 수는 없습니다. 조직 안에서 '뭔가 맞지 않는 점'은 누구에게나 있습니다. 그러나 불만만을 확대 해석하고 매사에 부정적인 언사를 일삼는다면 결국 자신의 평판만 나빠질 뿐입니다.

다름을 인정하고, 열린 태도로 배움을 받아들이세요. 불만이 있다면 이를 효과적으로 전달하고 조율할 줄 아는 능력을 키워야 합니다. 결국, 적응하고 성장하는 사람만이 더 많은 기회를 얻고, 자신이 원하는 방향으로 나아갈 수 있습니다.

첫 보고서가 반려되었다면?

신입사원으로서 첫 보고서를 작성했는데 지적을 받았다면, 이를 부정적으로만 받아들이지 말고 배움의 기회로 삼는 것이 중요하다. 보고서 내용 자체에 큰 문제가 없었다면, 단순히 상사의 스타일이나 조직의 보고 방식에 익숙하지 않아서 생긴 문제일 수 있다. 이런 상황에서는 다음과 같이 접근한다.

1. 상사의 기대 파악하기
보고서의 어떤 부분이 부족했는지 구체적으로 확인한다. 형식, 내용, 논리 전개 방식 등 상사가 중요하게 여기는 요소를 파악하는 것이 핵심이다.

2. 피드백을 긍정적으로 받아들이기
"이렇게 하는 데는 이유가 있겠구나" 하는 마음가짐을 가진다. 피드백을 받는 것은 상사의 기대 수준과 조직의 보고 문화에 적응하는 과정에서 반드시 거쳐야 하는 단계임을 기억한다.

3. 다음 보고서에 반영하기
이전 피드백을 기억하고 같은 실수를 반복하지 않도록 한다. 필요하다면 선배나 동료에게 조언을 구해 더 완성도 높은 보고서를 작성한다.

지적은 곧 성장의 기회! 긍정적인 태도로 보고서 작성 스킬을 키워라.

변화는 이해와 공감에서 시작된다

조직에서 변화를 만들어가고 싶다면, 먼저 조직을 이해하고 기존 문화를 존중하는 태도가 선행되어야 한다. 낯설거나 비효율적으로 보이는 조직 문화도 그 나름의 존재 이유가 있을 수 있기 때문이다. 변화를 시도하기 전에, 다음 세 가지를 기억하라.

- 문제를 제대로 파악하려면, 먼저 조직의 관행이 유지되는 이유를 알아보고 이해한다.
- 변화를 이끌고 싶다면, 공감을 이끌어낼 방법을 찾는다.
- 직설적인 비판보다는 실질적인 해결책을 제시하며 설득하는 접근이 더 효과적이다.

조직의 구조와 문화를 이해하고 이후 흐름을 파악한 뒤 점진적으로 변화를 만들어 나가야 한다.

02
문화 코드를 이해하고
업무 리듬을 타자

직장은 단순히 마음에 들지 않는다고 탈퇴할 수 있는 동호회가 아닙니다. 자신의 인생 몇 년을 투자하여 힘들게 노력해 얻은 소중한 일터입니다. 그 소중함을 간과하고 매사에 회피와 분노로 일관하는 태도는 결코 좋은 결과를 가져오지 않습니다. 조직의 존재 이유와 가치를 이해하고, 그 안에서 자신의 역할과 책임을 충실히 해내려는 태도가 필요합니다. 그러면서 구성원들과 진정성 있는 소통을 시도해야 합니다.

지금 당신이 속한 조직이 모든 면에서 완벽하지는 않을 것입니다. 하지만 바로 그 점이 성장의 기회가 될 수 있습니다. 불편함과 맞지 않음을 받아들이고 그 안에서 자신의 역할을 다하며 책임감 있게 임하세요. 그 과정에서 당신은 조직을 이해하고, 조직도 당신을 인정하게 됩니다. 진정한 성장은 바로 이런 순간에 시작되지 않을까요?

관찰과 경청으로 조직 문화 이해하기

조직 문화에는 의사소통의 방식, 업무 절차, 팀워크 규칙이 포함됩니다. 어떤 조직은 형식적이고 명확한 보고 체계를 중요시하며, 또 어떤 조직은 수평적이고 자유로운 커뮤니케이션을 선호합니다. 신입사원은 이러한 문화 코드를 배우고 이해해야만 업무의 '리듬'을 탈 수 있습니다. 집집마다 가풍이 있듯이 조직마다 다른 정서와 문화를 갖고 있다고 생각하면 됩니다.

중요한 것은 관찰과 경청입니다. 동료들의 업무 방식을 관찰하고, 상사의 말 속에서 우선순위와 가치를 파악하세요. 회의 중에 누가 주도권을 잡고 있는지, 어떤 주제에 사람들이 관심을 갖는지 살피는 것도 큰 도움이 됩니다.

직장에서는 이해하기 어려운 상황을 마주하는 순간이 많습니다. 그럴 때는 모든 것을 바꾸려 하기보다, 일단 받아들이는 것이 상책일 때도 있습니다. 신입사원에게는 낯설고 비효율적으로 보

이는 환경과 업무가 기존 직원들에게는 익숙하고 당연한 시스템
일 수도 있습니다.

조직의 변화, 신입사원의 패기만으로 될까?

물론 신입사원의 패기와 새로운 시각은 조직에 신선한 변화를
가져올 수 있습니다. 하지만 조직 문화에 대한 이해나 수용 없이
무조건 '틀렸다'고 단정 짓고, 자신이 바꾸겠다고 나서는 태도는
오히려 역효과를 낼 수 있습니다.

한 제조사의 회계부서 과장이 신입사원 R의 행동을 두고 한숨
을 쉬었던 것도 그 때문입니다. 입사한 지 두 달도 되지 않은 R사
원은 꽉 막히고 발전 없어 보이는 조직 문화를 바꾸겠다는 야심
찬 포부를 수차례 외쳤다고 합니다. 문제는 접근방식이었습니
다. 조직의 맥락을 이해하지 않은 채, 기존 문화를 부정하고 바꾸
어야 한다고만 주장하는 태도는 상사들과 동료들에게 불편함을
줄 수밖에 없습니다.

결국 R사원의 발언은 동료들의 공감을 얻지 못했고, 본인도 실
망한 듯 "적당히 연차만 채우고 이직하겠다"고 공개적으로 말하
는 지경에 이르렀습니다. 참다못한 회계부서 과장이 한마디를
한 것입니다.

"신입사원이니까 그럴 수 있다고 봐주었더니 아주 그냥 할 말 못 할 말 구분을 못 하고 회사 흉을 보는데, 쯧쯧쯧. 내가 그렇게 안 좋은 회사에서 그러니까 15년 근속을 한 거잖아요? 허참."

조직 문화가 단 한 사람의 노력으로 하루아침에 바뀔 수 있다면 얼마나 좋을까요? 하지만 현실적으로 조직은 그렇게 단순하지 않습니다. 회사의 문화와 시스템은 오랜 시간에 걸쳐 형성된 것이며, 그 안에서 일하는 선배들은 저마다의 방식으로 적응하고 살아왔습니다.

그럼에도 신입사원이 선배들 앞에서 "이런 조직에서 어떻게 수년간 버텼냐요?", "저라면 진작 때려치웠을 텐데요", "집안에 사람이 잘 들어와야 한다는데, 제가 입사했으니 한번 바꿔보겠습니다" 같은 말을 내뱉는다면, 이는 조직 내에서 본인의 입지를 더욱 좁히는 행동이 될 수밖에 없습니다.

변화는 필요하지만, 그 변화를 만들어가는 과정이 중요합니다. 조직을 개선하고 싶다면, 그 문화를 이해하고 공감대를 형성하는 것이 우선입니다. 기존의 방식을 무조건 비판하기보다는, 배우면서 점진적으로 변화를 시도하는 것이 더욱 현명한 접근법입니다.

소통하며 객관화 작업하기

조직 문화에 적합한 커뮤니케이션 기법을 익히는 것은 업무 효율성을 높이고, 조직 내에서 원활한 관계를 유지하는 데 큰 도움이 됩니다. 또한 조직 내 네트워킹을 통해 다양한 부서나 직급의 사람들과 소통하고 연결되면 조직 내에서 영향력을 확대할 수도 있습니다.

그런데 본인 부서 사람들보다 타 부서 사람들과 더 잘 어울리는 사원들이 있습니다. 같은 회사 안에서도 부서마다 분위기가 다르다 보니 자신에게 더 잘 맞는 사람이나 분위기의 부서에 자연스럽게 친근감을 느끼는 것은 어쩌면 당연한 일인지도 모릅니다. 문제는 적당한 균형을 유지하지 못하는 경우입니다.

무엇보다도 내가 속한 조직부터 이해하고 적응하려는 노력이 우선되어야 합니다. 이를 위해 내가 조직에 선입견을 갖고 있지는 않은지, 얼마나 조직 활동에 적극적으로 참여하며 동료들과 소통하고 있는지 스스로를 객관적으로 점검해보는 것이 필요합니다. 시시때때로 타 부서에서 시간을 보내기보다는, 같은 부서 사람들의 말을 주의 깊게 듣고 나서 사내 네트워킹 활동에 적극적으로 참여하세요.

조직 문화는 신입사원의 적응과 성공에 있어 중요한 요소입니다. 눈치, 관찰, 경청이 필수이며, 무엇보다 열린 마음을 가져야 조직 문화를 이해하고 자연스럽게 녹아들 수 있습니다. 완벽한 적응은 하루아침에 이루어지는 것이 아닙니다. 작은 노력이 쌓여 더 큰 성공을 만들어냅니다.

오늘부터 조직 문화를 이해하고 수용하는 여정을 시작해보세요. 이 과정에서 얻는 성장과 배움은 앞으로의 직장 생활에서 든든한 자산이 될 것입니다.

상사와 선배는 후배와 부하직원의
이런 언행에 뚜껑이 열린다

'말 한마디로 천냥 빚을 갚는다'는 속담이 있다. 직장 생활을 하다 보면 이 말의 의미를 실감하게 된다. 상사든 동료든 모두 감정을 지닌 사람이며, 사소한 말이 관계에 큰 영향을 미칠 수 있기 때문이다.

대부분의 직장인은 업무 자체보다 인간관계에서 더 큰 스트레스를 받는다고 말한다. 타인을 바꾸기는 어렵지만, 내가 먼저 공손하고 배려 있는 말투를 갖춘다면 상대 역시 나를 존중하게 된다. 결국, 내가 내뱉는 말이 곧 나를 나타낸다는 사실을 잊지 말아야 한다.

다음은 실제 선배 및 중간 관리자 이상 780명이 가장 싫어한 언행과 태도를 정리한 현장의 목소리이다. 직장 생활에서 좋은 인상을 남기고 원만한 관계를 유지하는 데 도움이 될 터이니 꼭 숙지해두자.

1. 업무 태도와 책임감

사례 1 (한숨을 쉬며) "이걸 꼭 제가 해야 하나요?"

개선안 이런 태도는 일하기 싫어한다는 느낌을 주고 나아가 책임감 부족으로 비칠 수 있으므로 "이 업무를 더 효율적으로 진행할 방법이 있을까요?"라고 말하며 적극적인 태도를 보이는 것이 좋다.

사례 2 "그건 제가 몰랐어요."

개선안 다소 무능하고 성의 없어 보일 수 있으므로 "제가 미처 숙지하지 못했습니다. 다음부터는 더 꼼꼼하게 확인하겠습니다"라고 말하는 것이 좋다.

사례 3 "그렇게까지 해야 하나요?"

개선안 조직의 규칙과 문화를 존중하지 않는 듯한 인상을 줄 수 있으므로 "이 업무의 중요한 포인트가 무엇인가요?"라고 질문하며 이유를 이해하려는 태도를 보이는 것이 좋다.

사례 4 "그거 저한테 시킨 거 아니잖아요?"

개선안 일을 떠넘기려는 듯한 태도로 보일 수 있으므로 "제가 담당했던 업무가 아니라 진행에 어려움이 있습니다. 동료와 분담하거나 도움을 받아야 할 것 같은데 가능할까요?"라고 말하면 더 협조적인 자세로 보일 수 있다.

사례 5 "아니, 근데, 그걸 제가 왜 꼭 해야 하죠?"

개선안 팀워크와 협업을 무시하는 듯한 태도로 보일 수 있으므로 "이 업무가 제역할과 어떻게 연결되는지 알고 싶습니다"라고 말하는 것이 좋다.

사례 6 "제가 일해보니까 그거 안 해도 되는 것 같은데요? 저희 팀이 안 해도 될 것 같습니다."

개선안 업무 경험이 부족한 상태에서 본인의 생각만으로 판단하며 불필요한 논쟁을 유발할 수 있으므로 "이 업무의 중요도를 고려했을 때 어떤 방향으로 진행하면 좋을까요?"라고 말하는 것이 더 적절하다.

사례 7 "제 탓인가요?"

개선안 실수를 인정하지 않고 회피하려는 태도로 보일 수 있으므로 "제가 좀 더 신중했어야 했습니다. 다음부터는 같은 실수를 반복하지 않겠습니다"라고 말하는 것이 좋다.

2. 조직 문화와 커뮤니케이션

사례 1 "아, 네네네."

개선안 건성으로 대답하며 대화를 대충 넘기려는 느낌을 줄 수 있으므로 "네, 이해했습니다. 제가 정리한 내용이 맞는지 확인해도 될까요?"라고 말하는 것이 좋다.

사례 2 "제가 알아서 할게요."

개선안 조언이나 피드백을 거부하는 태도로 보일 수 있으므로 "조언해주셔서 감사합니다. 주신 의견을 반영해 제가 잘 진행해보겠습니다"라고 말하는 것이 적절하다.

사례 3 "그거 그냥 인터넷 찾아보면 되지 않나요?"

개선안 선배의 경험과 노하우를 무시하는 듯한 태도로 보일 수 있으므로 "혹시 경험에서 나온 좋은 사례가 있을까요?"라고 묻는 것이 더 적절하다.

사례 4 "아, 그건 옛날 방식 아닌가요?"

개선안 기존 방식을 무조건 부정하는 태도로 보일 수 있으므로 "이전 방식과 비교했을 때 어떤 장점이 있는지 알고 싶습니다"라고 말하는 것이 좋다.

사례 5 "왜 그렇게 하죠? 저는 이해가 안 가요."

개선안 반론을 제기할 때는 부드러운 태도가 중요하므로 "이 부분이 궁금한데, 조금 더 설명해주실 수 있을까요?"라고 말하는 것이 좋다.

사례 6 "아, 이거 정말 맛있지 않나요?" (커피, 간식 등을 사올 때 특정 사람들끼리만 챙기고 나머지는 배제하는 행동)

개선안 조직 내에서 파벌을 형성하고 선배를 소외시키는 느낌을 줄 수 있으므로 "오늘 다 같이 간식을 사서 나누어 먹으려고 하는데, 선배님도 함께하시겠어요?"라고 말하며 포용적인 분위기를 만드는 것이 좋다.

사례 7 "아, 그거 너무 웃겨. 그죠?" (자기들끼리만 단톡방을 만들어 업무 관련 대화도 거기서만 나눔)

개선안 정보가 특정 그룹에만 공유되면 불공정한 분위기가 조성될 수 있으므로, 업무와 관련된 내용은 공식적인 채널에서 이야기해 팀원 간 정보 격차를 줄이는 것이 좋다.

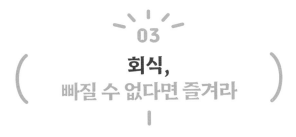

03

회식,
빠질 수 없다면 즐겨라

예전에는 회식이 조직 생활에서 필수 활동으로 여겨졌습니다. 그러나 오늘날 많은 신입사원이 회식을 단순한 술자리로 받아들이고 개인 시간은 존중받아야 한다며 피하려고 합니다.

"요즘 신입사원은 회식이 자율인 줄 아나 봄."

한 직장인 익명 커뮤니티에는 이런 글도 올라왔습니다. 신입사원들이 가장 선호하는 회식 1위는 '1시간짜리 회식'이라는 여론 조사 결과가 나오기도 했습니다.

신입사원들이 문제라는 게 결코 아닙니다. 세대 차이를 이해할 필요가 있다는 말을 하고 싶었습니다.

　기존 세대는 회식을 업무의 연장선상에서 팀 결속을 다지는 중요한 자리로 보았습니다. 반면 MZ 세대는 강압적인 술 권유와 개인 시간을 침해하는 회식에 거부감을 느끼는 경우가 많습니다. 이러한 인식 차이는 때로는 오해를 불러일으켰는데 신입사원으로서 회식 문화를 이해하고 현명하게 대응하는 방법을 배우는 것 역시 조직 생활에서 중요합니다.

　"우리 부서 신입사원이 회식에 한 번도 참여를 안 하길래, 총무를 시켰어요. 그랬더니 일정과 장소 섭외 공지 등 맡은 바 일을 척척 잘하더라고요. 그런데 막상 회식 당일이 되자 불참을 통보했어요. 어떻게든 소통의 자리를 좀 만들어보려고 했는데, 황당했습니다. 하긴 그 친구는 본인의 입사 환영 회식 때도 불참했던 용자(용기 있는 사람을 일컫는 말)였으니까 말 다했죠, 뭐."

　과거의 회식이 먹고 마시며 스트레스를 푸는 것에 초점을 맞췄다면, 이제는 팀워크를 다지는 자리로서의 역할이 더욱 강조되는 추세입니다. 이런 상황에서 본인이 주인공인 회식 자리에 불참하는 것은 용기 있는 행동이 아니라, 사회성이 부족한 것으로 해석될 가능성이 높습니다.

　그깟 회식 참석이 뭐 그리 어렵다고, 매번 동료들의 배려를 외

면하고 거부하면서까지 워라밸을 고집해야 할까요? 부어라 마셔라 하는 분위기가 싫다면, 일단 참석한 뒤 자신의 입장을 명확히 전달하는 것도 방법이었을 것입니다. 2차, 3차까지 가는 것이 부담스러웠다면, 1차만이라도 함께하며 환영회에 대한 감사의 인사를 전했다면 어땠을까요?

결국 중요한 것은 회식 자체가 아니라, 함께하는 과정에서 동료들과의 관계를 어떻게 형성해 나가느냐입니다. 이런 점에서 볼 때, 적절한 참여와 의사 표현의 균형을 맞추는 것이 더욱 바람직한 태도일 것입니다.

팀워크와 관계 형성을 위한 기회

어차피 참석해야 하는 회식이라면 관계 형성을 위한 기회로 활용하면 어떨까요? 특히 첫 회식은 신입사원으로서 자신을 소개하고 팀원들의 성향을 이해할 수 있는 중요한 자리입니다. 여기서 보이는 태도가 이후 조직 적응력을 평가받는 기준이 될 수도 있습니다.

단 회식 자리에서 술을 마시다 보면 느슨해질 수도 있는데 너무 풀어진 모습을 보여서는 안 됩니다. 과도한 음주는 피하고 상사의 말에 적절히 화답하며 동료의 이야기에 공감하는 리액션을 보여주세요. 지나치게 소극적이거나 부정적인 태도 역시 피해야 합니다.

"이기지도 못할 술, 적당히 마셔라!"

등짝을 맞으며 부모님께 자주 들었을 법한 말인데 회식 자리에서도 기억해야 할 조언입니다. 또 회식이 늦은 시간까지 이어질 때 정중한 태도로 입장을 표현하는 것 역시 매우 중요합니다.

"오늘은 건강상의 이유로 음주는 어렵지만, 함께 있는 자리를 소중히 여기고 싶습니다."

이는 단순한 거절이 아니라 존중과 이해를 기반으로 한 커뮤니케이션입니다. 거절이 어려워서 술을 계속 마시다 보면 실수할 수 있고, 다음 날 업무에도 지장이 생길 수밖에 없습니다.

신입사원으로서 오늘부터 회식을 새로운 관점에서 바라보며, 조직 생활의 또 다른 성공 코드를 찾아야 합니다.

04
나만의
성공 멘토를 찾아라

공기업 K조직이 멘토-멘티 프로그램 도입을 요청하며 밝힌 희망사항입니다.

"신입사원들과 저연차 직원의 퇴사율을 줄이고 불통이라는 조직 문화를 개선하고 싶습니다."

멘토링 프로그램은 단순히 업무 스킬을 전수하는 것에 그치지 않습니다. 조직의 역사와 암묵적인 규칙, 업무 흐름에 대한 이해를 돕고, 구성원 간의 관계 온도를 높이는 데 기여합니다. 연구에 따르면 멘토링을 받은 신입사원은 그렇지 않은 신입사원보다 업무 만족도가 25퍼센트 높았고, 퇴사율이 30퍼센트 낮았습니다

(2021년, HR 연구저널). 멘토링은 신뢰와 유대를 형성하는 유익한 과
정입니다.

효과적인 멘토링 프로그램 운용의 중요 원칙과 전략

멘토링 프로그램의 긍정적 효과를 기대하고 많은 기업과 조직
에서 교육을 진행했고, 지금도 계획하는 곳이 많습니다.

한 IT기업은 신입사원들을 대상으로 입사 후 6개월 동안 '1:1
멘토링 프로그램'을 운영했습니다. 신입사원들은 매주 멘토와 함
께하며 업무 스킬뿐 아니라 회사의 역사, 비공식적인 문화 등을
익혔습니다. 이 과정에서 멘티들은 자신감을 얻었고, 멘토는 자
신의 지식과 경험을 나누며 성취감을 느꼈습니다.

결과적으로 해당 기업은 신입사원의 퇴사율이 20퍼센트 감소
했습니다. 이 기업의 가장 큰 숙제는 대졸 신입사원들의 조기 퇴
사율이었는데, 이 부분에서 성과가 나타난 것이죠.

멘토링 프로그램이 괜찮은 것은 맞지만 형식적인 운영으로 실
패를 경험한 조직도 있습니다. 한 제조업체는 멘토링을 단순히
'주간 보고'의 연장선으로 진행했습니다. 멘토는 멘티에게 업무
를 지시하는 역할에만 치중했고, 관계 형성은 이루어지지 않았
습니다. 멘토링 특별 교육은 계속 진행했으나 강사들은 출강할

때마다 고개를 저었습니다.

"이 프로그램을 계속하는 건 의미가 없지 않나요? 형식적인 교육 과정과 형식적인 운영의 결과는 뻔할 텐데 말이죠."

강사들의 우려 섞인 목소리는 현실화됐습니다. 신입사원들은 '멘토링이 부담스럽다, 업무의 연장으로 스트레스를 받는 것 같다'는 피드백을 남겼고, 결국 큰 성과 없이 조기 종료되었습니다.

멘토링 프로그램의 성패는 멘토와 멘티 간 신뢰 형성에 달려 있습니다. 멘토는 자신의 경험을 나눌 준비가 되어 있어야 하며, 멘티는 배움을 향해 열린 태도를 가져야 합니다. 조직은 이를 뒷받침하기 위해 체계적인 프로그램과 지원을 제공해야 합니다.

나에게 적합한 멘토 찾아 멘토링 기회 만들기

회사에 멘토링 프로그램이 없다면, 스스로 멘토링 기회를 만들어보세요. 먼저, 적합한 멘토 찾기가 중요합니다.

① 말이 잘 통할 것
② 신뢰할 수 있을 것
③ 업무 능력이 뛰어나면서도 온화한 성품을 가질 것

이 세 가지 기준을 가지고 선배의 성향과 행동을 관찰하며 신중히 접근해야 합니다. 무엇보다 명심해야 할 것은 좋은 멘토는 단순히 업무 역량이 뛰어난 사람이 아니라, 자신의 경험을 나누는 데 열려 있는 사람이라는 점입니다.

사람을 찾았다면, 이제는 타이밍을 살피고 진심으로 다가가야 합니다. 멘토링 요청은 관계 형성의 첫걸음입니다. 요청 시점이 중요하죠. 선배가 업무적으로 바쁜 순간이나 부정적인 이슈가 발생한 직후는 피하세요. 대화의 문을 열 때는 진심이 담긴 칭찬으로 시작하세요. 진심 어린 칭찬과 구체적인 요청은 거부하기 어렵습니다.

"선배님께서 업무 처리하는 방식을 보며 정말 많은 것을 배웠습니다. 선배님처럼 되기 위해 무엇을 더 배워야 할지 조언을 부탁드립니다."

또 멘토가 도움을 주었다면 감사의 표현을 꼭 전하세요.

"선배님 덕분에 한 단계 성장했습니다. 정말 감사합니다."

간단한 말이 관계를 더욱 강화시킵니다. 감사는 단순한 예의가 아니라, 관계를 유지하고 발전시키는 강력한 도구입니다. 아부하라는 말이 아닙니다. 감사의 마음을 표현하는 것은 대단히 중요합니다.

05

권위와 권위주의,
이 둘은 다르다

처음 사회에 나와 직장 생활을 시작하면 많은 것이 낯설고 어렵습니다. 그중에서도 신입사원들이 가장 혼란스러워하는 부분 중 하나가 바로 '권위'와 '권위주의'의 구별입니다. 권위주의는 불필요한 강압과 비효율을 초래할 수 있지만, 그렇다고 해서 상사의 권위까지 무시하는 것은 바람직하지 않습니다.

요즘 세대는 수평적인 관계를 중요하게 여기고, '서열'보다는 '합리성'을 우선하는 경향이 있습니다. 하지만 회사에서는 직급에 따라 역할과 책임이 다르며, 상사의 권위를 존중하는 태도가 필요합니다.

물론, 신입사원 입장에서는 상사의 지시가 비효율적으로 보일 수도 있고, 기존 방식이 불합리하다고 느껴질 수도 있습니다. 그러나 조직에서 권위는 단순히 '지위'의 높고 낮음에서 나오는 것이 아니라, 경험과 책임의 차이에서 비롯됩니다. 신입사원으로서 권위와 권위주의를 구분해 올바르게 행동하는 것이 직장 생활에서 좋은 평가를 받는 중요한 요소가 될 수 있습니다.

권위, 존중해야 할 이유가 있다

많은 신입사원이 '상사도 같은 회사원이니까 평등하게 대해도 괜찮다'고 생각하지만, 이는 잘못된 접근일 수 있습니다.

신입사원 A는 입사 후 처음 맡은 프로젝트에서 상사의 지시에

의문을 품었습니다. 그보다는 본인이 생각하는 방법이 더 효율적이라고 느꼈기 때문입니다. 그래서 회의 중 상사에게 "이렇게 하면 더 효율적이지 않나요?"라고 직설적으로 질문했습니다. 하지만 상사는 그 방법을 채택하지 않았고, A는 '내 의견을 무시한다'고 생각하며 불만을 가졌습니다.

그러나 프로젝트가 진행되면서 A는 상사의 결정이 단순한 '방식의 차이'가 아니라, 조직 전체의 일정과 자원을 고려한 결과라는 것을 알게 되었습니다. 신입사원 입장에서는 보이지 않는 요소들이 많기에 왜 이러한 결정이 내려졌는지 이해하려는 태도가 필요합니다.

또한 조직 내에서 권위를 인정하는 것은 업무의 효율성을 높이는 데도 도움이 됩니다. 신입사원이 모든 것을 처음부터 배우고 익히는 과정에서, 권위를 존중하며 상사의 조언을 받아들이는 것이 오히려 빠른 적응을 돕는 경우가 많습니다.

권위주의적인 상사에게 감정적으로 맞서지 마라

물론 상사가 직급을 내세워 불합리한 지시를 하거나, 의견을 무시하는 경우도 있을 수 있습니다. 이런 상황에서는 단순히 참고 따르기보다 조직의 규칙과 소통 방식을 고려해 현명하게 대처하는 것이 중요합니다.

신입사원 B는 새로운 프로젝트를 진행하는 과정에서 상사가 "이유는 묻지 말고 그냥 하세요"라고 말하는 것을 듣고 당황했습니다. 논리적으로 접근하고 싶었지만, 질문조차 할 수 없는 분위기였습니다. B는 고민 끝에 회의가 끝난 후 "제가 좀 더 잘 이해하면 업무 수행에 도움이 될 것 같습니다. 추가로 설명해 주실 수 있을까요?"라고 조심스럽게 요청했습니다.

이처럼 상사의 지시가 납득하기 어려울 때는 바로 반박하기보다는, 배우려는 자세가 되어 있음을 상대에게 보여주고 부드럽게 질문을 던지는 방식으로 접근하는 것이 좋습니다. 단순히 "왜 그렇게 해야 하죠?"라고 묻기보다 "그렇게 하면 어떤 장점이 있을까요?"라고 물으면, 상대방이 받아들이는 느낌이 다를 수 있습니다.

또한 상사가 의견을 듣지 않고 일방적으로 결정을 내릴 때는 이전 사례를 참고해 논리적으로 접근해보세요. "지난 프로젝트에서 A 방식을 적용했을 때 효율성이 높았던 것으로 알고 있는데, 이번에는 어떤 차이가 있는지 궁금합니다"라고 말하면 보다 설득력 있는 대화가 가능합니다.

상사의 권위를 존중하는 것은 단순한 복종이 아니라, 조직의 업무 흐름을 이해하고 성장하는 과정입니다. 또한 조직 내에서 원활한 관계를 형성하는 데도 도움이 됩니다.

반면 불필요한 권위주의적인 태도에는 신중하게 접근해야 합니다. 감정적으로 반응하거나 불만을 즉각적으로 표출하는 대신, 부드럽지만 논리적인 방식으로 질문을 던지는 것이 더 현명한 방법입니다.

권위와 권위주의를 구별하는 것은 단순히 직장 예절을 지키는 것을 넘어, 어떤 태도로 조직에서 성장할지를 결정하는 중요한 요소입니다. 상사의 권위를 존중하되, 위계질서에 휘둘리지 않고 자신의 의견을 명확하지만 부드럽게 표현하는 균형 잡힌 태도를 가져보세요. 그것이 직장에서 인정받고 성장하는 가장 좋은 방법입니다.

권위 vs. 권위주의

신입사원은 경력이 많은 상급자보다 시야가 좁을 수밖에 없다. 그렇기 때문에 신입사원의 눈에는 대부분의 상사가 권위주의적인 사람으로 보일 수도 있을 것이다. 하지만 업무와 조직을 정확히 파악하고 나면 '아, 우리 팀장님은 권위주의적인 사람이 아니라 존중해야 할 권위가 있는 사람이었구나' 하고 느끼는 순간이 올지도 모른다. 처음부터 감정적으로 대응하지 말고 내가 모르는 게 무엇일까에 집중하자.

'권위가 있는 사람'이란?

◎ 오랜 경험과 전문성을 바탕으로 조직과 팀을 이끌어 나가는 사람

◎ 구성원들에게 신뢰받으며, 조직 운영에서 중심 역할을 하는 사람

◎ 명확한 기준과 원칙을 가지고, 공정하게 의사결정을 내리는 사람

'권위주의적인 사람'이란?

◎ 직급을 내세워 무조건적인 복종을 강요하는 사람

◎ 경험이 아닌 '내가 윗사람이니까'라는 이유로 의견을 강요하는 사람

◎ 업무 외적인 일에서도 사사건건 참견하는 사람

상사의 무례한 행위에 대처하는 방법

상사나 선배의 배려 없는 한마디 말에 신입사원은 종종 상처를 받기도 한다. 이럴 때는 감정적으로 나서기보다 지혜로운 여우의 면모를 발휘해야 한다. 다음의 요령을 익혀보자.

1. 무시와 명확한 지시 없이 업무를 떠넘김
"너네가 뭘 안다고 그래? 그냥 하라는 것만 해."
"알아서 해, 이런 건 배우지 않아도 해야지."

◎ 대처 요령
- "제가 더 배울 부분이 있으면 피드백 부탁드립니다"라고 부드럽게 응대
- "큰 방향성을 이해하면 더 잘할 수 있을 것 같은데, 어떤 부분을 중점적으로 보면 될까요?"처럼 구체적으로 질문하기

2. '라떼는 말이야'식 강요
"내가 너만 할 때는 다 알아서 했어."
"너희 세대는 너무 편하게 일하는 것 같아."

◎ 대처 요령
- "그때는 정말 힘드셨겠네요! 저희도 그만큼 최선을 다하고 있습니다"라고 공감 먼저 표현
- "요즘은 이런 방식도 있는데 어떻게 생각하시나요?"처럼 의견 교류 방식으로 접근

3. 회식 참석 강요 및 사생활 간섭

"술 한 잔 받는 것은 예의야."

"회식에 참석해야 팀워크가 생기는 거지."

"프로필 사진이 너무 가벼운 거 아니야?"

◎ 대처 요령

- "네, 그럼 조금만 마시겠습니다" 등 유연한 대응
- 사생활 관련 사항은 "요즘은 개성을 드러내는 게 추세라서 저는 이렇게 하고 있습니다"라며 가볍게 넘기기

4. 야근 및 초과근무 강요

"우리 때는 야근이 당연했어."

"퇴근 시간이 뭐가 중요해? 일이 먼저지."

◎ 대처 요령

- "업무 효율을 높여서 최대한 정시에 마무리해보겠습니다"라고 스마트하게 답변
- 야근이 어려운 경우 "미룰 수 없는 약속이 있습니다(야근이 불가한 이유를 설명). 내일 오전 일정을 조정해서 마무리하면 안 될까요?" 등 조율 요청

06
인사만 잘해도
절반은 성공이다

J사의 신입사원 교육 중, 격려차 방문한 부장님과 상무님과 나눈 대화의 일부입니다.

"이번 교육 과정에서 인사 잘하는 법을 꼭 알려주어야 할 것 같아요."

"맞습니다. 요즘 신입사원들은 인사를 잘 안 하는 것 같아요."

정말 신입사원들이 인사를 잘하지 않을까요? 교육 현장에서 만난 신입사원들은 전혀 다른 목소리를 냅니다.

"인사를 하면 뭐하나요? 아무도 받아주지 않아요."

"맞아요. 분명 눈을 마주쳤는데도 그냥 지나가 버리세요."

"제가 인사하는 걸 보면서도 옆 사람과 대화를 이어가요. 이거 무시 맞죠?"

억울함에 목소리를 높이는 신입사원들의 하소연은 인사를 둘러싼 문제를 또 다른 시각에서 바라보게 합니다. 인사를 하지 않는 것은 문제이지만, 인사를 받아주지 않는 문화 또한 신입사원들에게 적잖은 당혹감을 줄 수 있습니다.

그렇기 때문에 단순히 신입사원의 인사 예절만을 문제삼기보다 조직 전체가 인사를 자연스럽게 주고받는 문화를 형성하는 것이 중요합니다. 하지만 조직 문화는 하루아침에 바뀌지 않기에, 신입사원으로서 먼저 인사의 의미를 알고 실천해야 합니다.

작은 행동 하나가 조직 분위기를 바꾸는 시작점이 될 수 있음을 기억하며, 변화를 기다리기보다 먼저 나서보면 어떨까요?

인사는 사회생활의 기본

인사는 단순한 예의를 넘어, 신뢰를 쌓고 원만한 관계를 형성하는 데 중요한 역할을 합니다. "인사만 잘해도 절반은 성공"이라는 말이 있을 정도로, 밝고 친절한 인사는 조직 생활의 윤활유가 됩니다.

제가 과거에 근무했던 직장에는 누구에게든 먼저 다가가 웃으며 인사를 건네는 선배가 있었습니다. 그의 별명은 '방실방실'이었습니다. 덕분에 그는 동료들에게 좋은 인상을 주었고, 업무적으로나 개인적으로 신뢰받는 인물로 평가받았습니다. 밝고 친절한 인사는 하는 사람의 인성까지 빛나게 만듭니다.

인사하기는 가장 쉽고도 강력한 커뮤니케이션 방법입니다. 먼저 다가가는 사람이 결국 더 많은 기회를 얻습니다. 오늘도 자신감 있게, 그리고 따뜻한 마음으로 인사를 건네보세요.

인사를 받아주지 않는다면

신입사원들의 말처럼 인사를 했는데도 받아주지 않는다면 어떻게 해야 할까요? 결론은 '계속해야 한다'입니다. 인사는 기본적인 예의이자 성숙한 태도를 보여주는 행동이기 때문입니다. 설령 상대방이 반응하지 않더라도, 꾸준히 인사를 건네세요.

인사를 받아주지 않는다고 해서 멈춘다면, 그 순간부터 상대와의 관계는 더욱 단절될 가능성이 큽니다. 결국 중요한 것은 상대의 반응이 아니라, 나의 태도와 일관성입니다. 신입사원으로서 긍정적인 인상을 심어주고 싶다면, 작은 행동이라도 꾸준히 실천하세요.

물론, 상사가 바쁘거나 피곤한 상황일 수도 있으므로 상대방의

출근러의 생존법: 신입사원을 위한 회사 생활 A to Z

분위기를 살피는 세심함도 필요합니다. 적절한 타이밍을 찾아 인사를 건네세요. 또한 상대방의 반응에 너무 민감하게 반응할 필요는 없습니다. 인사를 받아주지 않는 것은 그들의 선택일 뿐이며, 내가 할 수 있는 최선의 태도를 유지하는 것이 더 중요합니다. 상대방이 어떻게 반응하든 나의 가치는 변하지 않습니다.

처음에는 서운하거나 어색할 수도 있습니다. 하지만 꾸준히 인사를 건네다 보면, 그것이 신뢰와 존중으로 이어지는 순간이 반드시 올 것입니다.

"그 팀 신입사원 말이야, 인사를 잘 안 하는 것 같아. 몇 번이나 마주쳤는데 그냥 보고 지나치더라고. 나, 투명인간이야?"

"K사원이 이번 신입사원 중 인사성이 제일 좋아. 만날 때마다 인사를 잘하더라고."

이 두 가지 피드백 중, 어떤 말을 듣는 것이 더 좋을까요? 당연히 후자일 것입니다. 인사는 사람과 사람 사이에서 관계를 시작하는 첫걸음입니다. 단순한 예의 표현을 넘어, 상대방을 존중하고 관계를 강화하는 중요한 도구입니다. 반면, 인사를 생략하거나 무시하면 상대방에게 불쾌감을 줄 수 있습니다.

07
조직의 문화와 정서에 맞는 인사를 한다

사회생활을 하면 할수록 인사가 단순한 형식이 아니라 신뢰와 존중을 쌓는 중요한 도구임을 알게 됩니다. 기업 컨설팅 회사 딜로이트(Deloitte)의 연구에 따르면, 긍정적인 인사를 건네는 게 생산성, 협력, 그리고 조직 만족도를 높이는 데 크게 기여한다고 합니다.

신입사원으로서 당신의 인사가 조직 내에서 어떤 긍정적인 변화를 만들어낼지 상상해보세요. 적절한 인사는 단순히 좋은 평가를 받는 것을 넘어, 직장 내에서 당신의 입지를 탄탄히 다지는 강력한 도구가 됩니다.

인사는 조직의 문화와 분위기에 맞춰 조정

저는 독특한 조직 문화를 가진 직장에서 일한 경험이 있습니다. 그 직장은 출근 후 1시간 동안은 영어로 대화를 해야 하고, 매주 수요일은 강남의 가로수길에서 브런치를 즐기며 회의를 했습니다. 공식 사무실 복장 코드는 캐주얼이었고, 근무 중 노래를 부르면 동료들이 화음을 넣어주기도 했습니다. 전자 피아노를 연주하는 사람이 나타나면, 어디선가 허밍으로 화답하는 동료가 등장하곤 했습니다. 과거 방송사라는 비교적 유연한 조직에서 수년간 근무했던 경험이 있었음에도 이런 독특한 환경과 조직 문화에 적응하는 데 시간이 꽤 걸렸습니다.

특히 인사 방식이 다채로웠습니다. 휘파람을 불며 인사를 하거나 어깨를 부딪치며 윙크로 인사를 나누는 경우도 있었습니다. 반면 저는 '안녕하세요, 좋은 아침입니다'와 같은 정중한 인사만 건넸습니다. 어찌 보면 팀의 분위기와는 어울리지 않았을 것입니다. 결국 용기를 내어 조직의 정서와 분위기에 맞춰 조금 더 친근하고 활동적으로 인사하려고 노력했습니다. 결과적으로 일방적인 '인사를 하다'에서 '인사를 나누는' 단계로 발전할 수 있었습니다.

이 경험에서 배운 점은, 인사는 조직의 문화와 분위기에 맞춰 조정해야 한다는 것입니다. 보수적인 분위기의 조직에서는 정중한 인사가 적합합니다. 반대로 친근한 분위기의 조직이라면 좀 더 개성 있는 인사가 어울립니다. 상황과 대상에 따라 적절한 방식으로 인사를 조정하는 유연함이 필요합니다.

무엇보다 인사의 핵심은 진심

상사와 동료들은 인사에 진심이 담겼는지 형식적인지 금방 알아챕니다. 이왕 해야 할 인사라면 진심을 담아 해보세요. 또 인사는 무조건 '내가 먼저 한다'는 마음가짐이 중요합니다. 최적의 타이밍을 기다리며 우물쭈물하는 대신 앞서서 밝은 목소리로 인사를 건네보세요.

"갈까 말까 할 때는 가고, 살까 말까 할 때는 사지 말고, 말할까 말까 할 때는 말하지 말며, 줄까 말까 할 때는 주고, 먹을까 말까 할 때는 먹지 말라."

서울대 행정교육대학원장 최종훈 교수의 이 말에 감히 한마디 덧붙이고 싶네요.

"인사를 할까 말까 할 때는 무조건 해라."

망설이는 순간, 상황은 어색해집니다. 단 상대방이 대화 중이거나 업무에 집중하고 있다면 가볍게 목례로 대신하는 센스도 필요합니다.

　인사를 할 때는 눈빛과 표정에 따뜻함을 더해보세요. 살짝 미소를 띤 채 눈을 맞추고 '안녕하세요'라고 말하면 그 온도가 상대방에게 고스란히 전달됩니다. 눈맞춤도 중요합니다. 상대방의 눈 정중앙보다는 다소 아래를 바라보는 것이 자연스럽고 편안한 인상을 줍니다.

　적은 노력만으로도 인사는 상대방에게 큰 감동을 줄 수 있습니다. 진심 어린 인사는 단순한 인사 이상의 가치를 발휘합니다. 당신을 매력적이고 신뢰할 수 있는 사람으로 인식하게 만듭니다. 인사는 작지만 강력한 행동입니다. 떡잎부터 다른 신입사원이 되고 싶다면, '인사를 진심으로, 꾸준히, 상황에 맞게 건네는 것'부터 실천해보세요.

08

사랑받는
신입사원의 인사법은 다르다

상황과 대상에 따라 달라지는 인사 방식과 태도를 구체적으로 배워볼까요? 신입사원으로서 상황별로 적합한 인사법을 익히는 것은 직장 생활을 성공적으로 시작하기 위한 첫걸음입니다.

기본 인사법, 정중례와 보통례

깊은 존중을 표현하는 인사인 정중례는 공식적인 자리에서 상사, 임원, 고객 등을 만날 때 사용합니다. 성과 발표회 혹은 감사를 표하거나 사과를 해야 할 때도 적합합니다.

보통례는 공식적이지만 정중례만큼 엄격하지 않은 상황에서

정중례

- 상체를 약 30도 굽히며 머리를 숙인다.
- 숙이는 동안 시선은 바닥을 향하고, 발끝은 고정된 상태를 유지한다.
- 2~3초간 멈췄다가 천천히 원래 자세로 돌아온다.

보통례

- 상체를 약 15도 굽힌다.
- 1~2초간 유지한 후 천천히 원래 자세로 돌아온다.

목례

- 눈을 상대방에게 맞춘 상태에서 고개를 약 5~10도만 숙인다.
- 가볍게 미소를 더하면 더 친근한 인상을 줄 수 있다.

사용합니다. 연장자, 상사 또는 고객 미팅이나 회의 전후, 상사가 호출해 사무실에 들어갈 때 적합합니다.

　처음 만났을 때 보통례로 인사를 한다면, 단순히 예의를 지키는 것을 넘어 자신의 신뢰성을 높일 수 있습니다. 연구에 따르면 보통례를 활용한 인사는 긍정적인 첫인상을 남기는 데 매우 효과적입니다.

비공식적인 상황에서 배려를 표현하기 좋은 인사가 목례입니다. 전화 통화 중인 상사를 만났을 때 하면 좋습니다. 통화를 방해하지 않으면서도 예의를 표현할 수 있습니다. 상사와 눈을 맞추고 고개를 살짝 숙이며 미소를 보태는 작은 제스처는 상대방에게 큰 배려로 느껴집니다.

엘리베이터, 화장실, 복도 등 비공식적이면서도 사적인 공간에서 가볍게 인사를 건네야 하거나, 바쁜 상황에서 간단히 안부를 전해야 할 때, 혹은 이미 정식으로 인사한 사람을 다시 만났을 때도 적합합니다.

상황별 인사법

회사에서 흔히 발생할 수 있는 상황에서 센스 있는 인사 요령을 짚어보겠습니다. 앞에서도 이야기했지만 전화 통화 중인 상사를 만났을 때, 큰 소리로 인사를 하면 상사의 통화를 방해할 수 있습니다. 이런 상황에서는 상사와 거리가 가까워지면 목례로 가볍게 인사하면 됩니다. 상황에 따라 손을 살짝 흔드는 제스처도 활용할 수 있습니다.

급히 뛰어가다 상사나 동료를 만났을 때는 어떻게 인사하면 좋을까요? 급한 안건으로 이동 중인 만큼 인사는 생략해도 되지 않을까 싶겠지만, 기본 예의를 잊어서는 안 됩니다. 잠시 멈춰 서서 간단히 말합니다.

"안녕하세요!", "죄송합니다, 급한 일이 있어서요."

15초면 충분합니다. 건너뛰지 마세요.

외근 후 복귀했을 때 자리에 아무도 없어 직접 인사를 못 하는 상황이라면 어떻게 해야 할까요?

"팀장님, 외근 마치고 사무실로 복귀했습니다. 자세한 내용은 대면으로 보고드리겠습니다."

이렇게 간단히 메시지를 보내서 인사를 꼭 해주세요.

또한 업무를 마치고 퇴근하려 할 때 상사나 선배, 동료들이 바쁘게 일하고 있으면 미안한 마음에 인사 없이 조용히 나가는 경우가 많은데 이런 상황에서도 퇴근 인사는 반드시 해야 합니다. 조금만 센스를 발휘해 "제가 도울 일이 있을까요?" 하고 먼저 물어보세요.

이 한마디로 배려심과 협력하는 태도를 보여줄 수 있습니다. 퇴근 인사는 단순한 예의가 아니라, 조직 내에서 신뢰를 쌓고 긍정적인 관계를 형성하는 중요한 요소입니다. 교육 현장에서 만난 중간 관리자들은 이런 인사에서 싹싹함을 느끼고 호감이 커진다고 말합니다. 어려운 일이 아니니, 한번 실천해보세요.

인사를 매력적으로 만드는 센스 더하기

평범한 인사를 특별하게 만드는 비결은 진심에 약간의 센스 를 더하는 것입니다. '안녕하세요', '먼저 가보겠습니다'라는 기본 인사에 다음과 같은 말을 더해보세요.

상대의 노력 인정	"오늘도 수고 많으셨습니다!"
안부 묻기	"잘 지내셨어요?"
긍정적인 에너지	"오늘 하루도 화이팅입니다!"
따뜻한 배려	"마스크 꼭 챙기세요. 미세먼지가 심하네요."
날씨 활용 인사	"오늘 날씨가 참 좋네요!"
	"오늘 바람이 많이 부네요. 조심히 다니세요."

회사라는 치열한 경쟁의 무대에서 '인사'라는 강력한 도구를 잘 활용하세요. 이 작은 행동이 사회생활이라는 전쟁터에서 긍정적인 결과를 만들어냅니다.

09
작은 배려가
긍정 평판을 부른다

2020년도에 실시된 한국고용정보원의 설문조사에 따르면, 응답자의 88퍼센트가 직장에서 예절을 지키는 것이 중요하다고 답했으며, 76퍼센트는 예절이 부족하다고 여겨지는 동료와는 함께 일하고 싶지 않다고 말했습니다. 이 조사만 봐도 직장 생활에서 '세상 사람들의 비평' 혹은 '비평하여 시비를 판정함'이라는 의미를 가지는 '평판(評判)'이 매우 중요함을 알 수 있습니다.

평판은 표면적으로는 중립적이고 객관적인 판정으로 보이지만, 실제로는 주관적인 인상에 대한 느낌이 더 큽니다. 인상이 시간이 지남에 따라 누적되어 평판이라는 형태로 굳어지는 것이죠. 문제는 한 번 부정적인 평판이 형성되면 이를 긍정적으로 바꾸기가 쉽지 않다는 점입니다. 더하여 긍정적인 평판도 작은 실수로 한순간에 무너지기도 하죠. 투자 전문가 워렌 버핏(Warren Buffett)은 이를 다음과 같이 경고했습니다.

"평판을 쌓는 데는 20년이 걸리지만, 무너뜨리는 데는 5분이면 충분하다."

정말 무서운 말이지 않나요?

살다 보면 사소한 행동이 평판을 결정

직장 내 평판은 '이 사람을 신뢰할 수 있을까?' 혹은 '함께 일하고 싶은 사람일까?'를 판단하는 중요한 기준이 됩니다. 최근 한 조사에 따르면, 전체 응답자의 67퍼센트가 채용 과정에서 평판 조회가 필요하다는 의견을 제시했습니다. 이는 평판이 재직 중뿐 아니라 직장을 옮기거나 새로운 기회를 얻을 때도 결정적인 영향을 미친다는 점을 시사합니다. 같은 일을 하더라도 평판에 따라 결과가 달라질 수 있습니다. 업무 성과와 함께 평판은 조직 내에서 입지를 다지는 데 중요한 역할을 합니다.

여러분은 동료들과의 식사 자리에서 수저 세팅은 누구의 몫이라고 생각하나요? 여러분이라면 하실 건가요? 살다 보면 사소한 행동이 나의 평판과 미래를 결정하기도 합니다.

"정말 부끄러워서 혼났습니다. 오늘 고객사 미팅 후 점심식사 자리에서 누가 숟가락을 챙길지 서로 눈치만 보더라고요. 결국 부서장인 제가 냅킨 깔고 수저를 세팅했네요."

"그게 뭐 대단한 일이라고요? 그럴 수도 있죠. 시대가 많이 바뀌었잖아요. 그래도 우리 부서 막내는 알아서 숟가락도 챙기고, 물도 따라주고 그래요. 고맙기도 하고 참 예쁘더라고요."

우연히 들은 대화이지만, 많은 것을 생각하게 합니다. 직장 생활은 관계로 이루어지며, 그 관계가 원만할수록 업무 성과에도 긍정적인 영향을 미칩니다. 수저 세팅, 물 따르기, 문 잡아주기, 엘리베이터 잡아주기, 자리 떠날 때 의자 넣어두기 등은 아주 사소한 일이지만 그 행동을 '누가 했는지'에 따라 평판이 달라집니다.

작은 배려는 긍정 평판의 기본

신입사원이라면 직장 생활의 모든 순간을 업무의 연장선으로 생각해보세요. 점심식사 자리나 회식 자리에서도 작은 배려로 긍정적인 인상을 남길 수 있습니다. 이는 무조건 아부하거나 굽실거리는 사내 정치를 의미하는 것이 아닙니다. 오히려 과하지 않은 선에서 상대방을 배려하고 한 발 더 다가가는 태도를 뜻합니다.

직장 생활 3년 차쯤에 선배들이 자주 하는 말이 있습니다.

"이제야 사람 구실을 하네."

이는 업무력이 늘어났다는 뜻일 수 있지만 동시에 그동안의 행동과 배려가 긍정 평판을 불러왔다는 의미입니다.

긍정적인 평판은 신뢰와 기회를 만들어내는 열쇠입니다. 업무뿐 아니라 사소한 행동 하나하나에 진심을 담아보세요. 신입사원 시절은 쉽지 않지만, 이 시기를 잘 견뎌낸다면 더 큰 성과와 자신감을 얻을 것입니다.

당신의 노력이 결국 당신의 가치를 더욱 빛나게 할 것을 믿어 의심치 않습니다.

직장 내 무례함 실태 조사 결과

2022년에 한국EAP협회(EAP: Employee Assistance Program, 근로자지원프로그램)와 비폭력대화연구소 주최로 '직장 내 무례함 경험 실태' 설문조사가 실시되었다. 그 결과 직장에서 무례함을 경험한 사람이 100퍼센트(최근 6개월 이내)로 나타났다. 특히 '매일 경험한다'가 3.2퍼센트, '자주 경험한다'가 13.3퍼센트, '가끔 경험한다'가 42.2퍼센트로 직장 생활에서 반복적으로 무례함을 경험하는 응답자가 절반이 넘는 58.7퍼센트에 달했다.

직장 내에서 무례한 행동이 이렇게 일상적으로 발생하는데도 많은 직장인이 그저 참고 넘긴다고 해서 충격을 주었다. 실제로 직장인의 85.7퍼센트가 무례한 사람에게 대처하는 법을 배운 적이 없으며, 84.5퍼센트는 이에 대한 학습과 연습이 필요하다고 응답했다. 무례함을 방치하면 직무 스트레스와 이직 의도가 증가하고, 업무 성과 저하와 조직에 대한 헌신 감소로 이어질 수 있다. 특히 고객 응대 시 감정적 대응이 증가하면서 조직 전반에 부정적인 영향을 미칠 위험이 크다.

올바른 직장 예절을 실천하는 것은 개인의 성장뿐만 아니라 조직 전체의 건강한 문화 형성에도 기여한다.

직장에서 많이 겪는 무례한 상황

- 정보 공유 안 함(37.8%)
- 공개적 면박(38.7%)
- 상태 단정 짓기(43.5%)
- 의견 무시·말 끊기(63.5%)

무례함 대처법

- 시정 요청 (13.7%)
- 상담 고민 (17.8%)
- 이직 고민 (17.8%)
- 참는다 (50.8%)

10

책상은 개인 공간이자
공공 업무 환경의 일부이다

직장인은 하루의 대다수 시간을 사무실 자기 책상에서 보냅니다. 자기 자리가 있다는 말은 곧 자기 일이 있다는 의미로 많은 사회 초년생이 이 책상 하나를 차지하기 위해 그동안 열심히 노력해온 것이지요. 직장인에게는 '책상 빼'가 가장 무서운 말이라고도 합니다.

또 책상은 그 자리에 앉은 사람의 상태를 가장 잘 보여주는 바로미터로 당신의 업무 태도를 비추는 거울과도 같습니다. 그렇기에 책상 정리는 언뜻 사소해 보이는 행동이지만, 개인의 이미지를 결정짓습니다. 나아가 이는 직장의 분위기에 영향을 미치

출근러의 생존법: 신입사원을 위한 회사 생활 A to Z

기도 합니다.

청결한 책상 관리는 사무실 예절 중 하나

장기 교육 컨설팅으로 방문했던 한 회사에서 있었던 일입니다. 회의실로 이동하면서 사무실을 지나치는데 유난히도 지저분한 책상이 보였습니다.

"아이고, 이 사원은 며칠째 야근을 하셨나 봅니다."

안내하던 교육 담당자는 무심코 던진 강사의 말에 귀까지 빨개졌습니다.

"아, 강사님, 그게 이분은 원래, 그러니까, 조금⋯."

교육 담당자가 말을 아끼는 상황에서 그 자리의 주인공이 등장했습니다. 그는 큼지막한 소시지를 한입 베어 물고 쩝쩝 소리를 내면서 자리로 가더니 허리와 배를 쭉 내리깔고 반은 누운 듯한 자세로 앉아 소시지를 먹으면서 업무를 보았습니다. 이미 책상 위 여기저기에는 간식 부스러기들과 군것질 포장지들이 널브러져 있었습니다. 요즘 젊은 친구들이 우스갯소리로 하는 업무의 능률을 올리기 위한 필수 아이템, 헤드셋도 끼고 있는 그 사원의 자세와 태도로 인해 순간 업무 공간이 아니라 동네 PC방에라도 온 것 같은 느낌이 들었습니다.

'책상이 적당히 너저분해야 일이 잘된다'라는 말은 틀렸습니다. 미국 프린스턴 대학교는 '어수선한 작업 환경은 우리의 뇌가 주변 자극을 처리하는 데 더 많은 에너지를 소모하도록 만들며 결과적으로 생산성을 저하시킨다'라는 연구 결과를 발표했습니다. 반대로, 정리된 공간은 스트레스를 줄이고 집중력을 높인다고 합니다. 이는 사무실에서도 마찬가지입니다.

청결하고 정리된 책상은 개인의 생산성을 높이는 것은 물론, 주변 동료들에게도 긍정적인 영향을 미칩니다. 협업과 업무 효율성을 높이는 핵심 요소가 되는 것이죠. 고객이나 외부 방문객이 많은 직장 환경이라면 더욱더 신경 써야 합니다. 정리된 책상이 회사의 이미지에 중요한 역할을 하기 때문입니다.

한번에 몰아서 대청소를 해야겠다는 생각 대신, 매일 5분은 책상을 정리하는 습관을 들이세요. 간식은 지정된 장소에서만 섭취하고, 포장지는 즉시 버리도록 합니다. 업무에 꼭 필요한 도구만 책상 위에 두어 집중력을 유지하기를 추천합니다.

데스크테리어족이 온다

다이어리를 꾸미는 사람이라는 '다꾸족', 신발을 꾸미는 '신꾸족', 가방에 키링을 달아 꾸미는 '키링족'이라는 신조어를 들어보셨나요? 이제 여기에 사무실 책상을 꾸민다는 '책꾸족', '데스크테리어족'이라는 유행어까지 생겼습니다.

Y사원은 동기들 사이에서 '도라에몽'이라는 별명으로 불렸습니다. 저연차 직원을 대상으로 한 연수 과정에서 그녀와 관련된 흥미로운 장면들을 여러 차례 목격했습니다. 그녀에게 필요한 것을 말하면 마치 도라에몽이 주머니에서 물건을 꺼내주듯, 무엇이든 척척 꺼내 주기 때문입니다.

"Y사원의 사무실 책상은 더 대단해요. 편의점 같기도 하고, 수목원 같기도 하고, 피규어숍 같기도 하죠."

칭찬인 듯 미묘한 뉘앙스를 담은 동료의 말에 주변 사람들은 웃음을 터뜨렸습니다. 이 상황을 통해 그녀의 책상이 업무 공간이라기보다는 개인 취향이 가득한 전시장 같다는 사실을 알 수 있었습니다. 그녀는 책상을 본인의 개성을 표현하는 공간으로 꾸미고 이를 즐기는 일명 '데스크테리어족'이었습니다.

물론 책상을 적당히 꾸미는 것은 업무 의욕을 높이고, 스트레스를 완화하는 효과가 있을 것입니다. 하지만 과도하게 개인 물품과 화려한 장식품을 두는 것은 업무 효율성을 저해하고, 사무실은 공공의 장소라는 기본 원칙을 무너뜨릴 수 있습니다.

사무실 책상은 개인용 다이어리나 신발, 가방이 아니라는 점을 명심해야 합니다.

한 취업포털에서 실시한 '데스크테리어족' 관련 설문조사에 따르면, 직장인의 68퍼센트는 '동료의 지나치게 개인적인 책상 꾸미기가 불편하다'고 답했습니다. 같은 조사에서, 응답자의 55퍼센트는 '업무와 관련 없는 물품이 많을수록 업무 집중력이 떨어진다'라고 하기도 했습니다.

개성을 살리되 균형감 필요

아무리 개성의 시대라지만 사무실 책상 꾸미기는 본인의 스타일을 반영하되, 업무에 지장을 주지 않을 정도로 적정선을 유지해야 합니다. 회사의 책상은 개인의 공간이기도 하지만 동시에 동료들과 함께 사용하는 공적인 업무 환경의 일부입니다. 업무에 몰입할 수 있는 최적의 환경을 만들기 위해 되도록 업무에 필요한 물품을 중심으로 책상을 꾸미고 동료와 상사가 불편하지 않도록 개인적인 물품은 최소화해주세요.

신입사원이 주의해야 할 태도

다음과 같은 태도는 팀워크를 해치고 직장 내 평판을 떨어뜨릴 수 있다.

1. 개인주의적인 태도

◎ "제가 편한 방식으로 보고서를 만들면 되는 것 아닌가요?"

→ 조직의 정해진 서식이나 툴을 무시하는 태도

◎ "저는 저의 워라밸이 중요해서요."

→ 팀 전체 일정을 고려하지 않고 개인 일정만 우선하는 경우

2. 상사의 권위에 대한 인식 부족

◎ "상사도 같은 회사원이잖아요?"

→ 조직 내 역할과 책임을 간과하고 평등만을 강조하는 태도

◎ "이렇게 하면 더 효율적이지 않나요?"

→ 기존 방식을 유지하는 이유를 이해하기 전에 비판적으로 접근하는 태도

3. 소통 오류 및 피드백 거부

◎ "이거 무슨 의미예요?"

→ 명확하게 질문하지 않고 두루뭉술하게 물어보기

◎ "이거 꼭 고쳐야 하나요?"

→ 수정 요청을 했는데 불필요하게 따지는 태도

4. 잦은 퇴사 언급 및 SNS를 통한 불만 표출

◎ "이런 조직 문화에서는 못 버티겠네요."

→ 조직이 본인 기준에 맞지 않으면 퇴사를 언급하는 태도

◎ 회사와 상사에 대한 불만을 SNS에 올리고 공론화

→ 내부 문제를 외부로 유출하여 신뢰를 잃는 행동

3장

내 가치를 높이는
업무력 키우기

지각해도 일만 잘하면 될까
- 근태 관리

미국의 심리학자이자 철학자인 윌리엄 제임스(William James)는 이렇게 말했습니다.

"생각이 바뀌면 행동이 바뀌고, 행동이 바뀌면 습관이 바뀌며, 습관이 바뀌면 인격이 바뀌고, 인격이 바뀌면 운명까지 바뀐다."

이 말은 개인의 사고방식과 행동이 우리의 인생 방향을 어떻게 결정짓는지를 잘 보여줍니다.

직장에서의 행동 패턴은 관계, 문제 해결, 그리고 직무 수행 능력에 지대한 영향을 미칩니다. 생산적인 행동이 좋은 습관으로 자리 잡으면 인격에 영향을 미쳐 직장에서의 운명까지 변화시킬 수 있습니다. 그리고 그 습관에서 가장 기본은 근태 관리입니다.

근태 관리는 직장인의 기본

"비즈니스는 시간을 준수하는 것이다"라는 다음과 같은 말이 있습니다.

"Business is on time."

특히 신입사원이라면 시간 약속을 지키는 것이 곧 신뢰를 쌓는 첫걸음이 됩니다. 시간 관리를 잘하는 사람은 일도 잘한다는 평가를 받기 쉽습니다.

지각은 아니지만 출근 시간을 늘 아슬아슬하게 맞추는 사원과 여유 있게 출근하는 사원 중, 상사와 동료들은 누구에게 더 신뢰를 보낼까요?

사례를 하나 들어보겠습니다.

L사원은 출근 전 동료에게 자신의 업무 컴퓨터를 켜달라고 자주 부탁합니다. 그리고 오전 9시 15분쯤 한 손에는 커피, 다른 한 손에는 스마트폰을 들고 마치 업무 통화라도 하는 것처럼 하면서 자리에 앉습니다. 이 장면이 주 3회 이상 반복해서 보였는데 본인은 부탁한 동료 말고는 진실을 아무도 모를 거라고 믿고 있었습니다.

하지만 팀의 대다수 직원이 오전 8시 30분이면 출근을 마친 상황에서 유독 L사원만 이런 모습을 보였기에 눈에 안 띌 수가 없었습니다. 결국 부서장은 L사원을 불러 출근 시간을 제대로 지키라는 충고를 했습니다. 하지만 L사원은 이를 받아들이지 않고 부서장을 '조직 내 갑질'로 신고했습니다. 말투가 기분 나빴고, 자신을 감시했다고 주장한 것입니다.

반대로, 긍정적인 사례도 있습니다. 험난한 취업의 길을 걷다가 입사한 P사원은 '출근할 수 있다는 사실만으로도 행복하다'고 말하며 항상 1시간에서 30분 정도 일찍 출근해 커피를 마시며 책을 읽고, 업무 목록을 정리하며 하루를 준비했습니다. 상사와 동료는 그의 태도와 성실함을 높이 평가했습니다.

여유가 보여주는 전문성

여러분도 여유를 두고 움직여보세요. '바쁨은 악'이라는 말이 있습니다. 물리적으로 시간에 쫓길 때보다 여유가 있을 때 삶이 유연해질 수밖에 없습니다. 출근 시간보다 최소 10분 일찍 도착하는 것을 목표로 하면 어떨까요? 혹시 모를 돌발 상황에 대비해 시간 관리에 여유를 두는 것이 중요합니다.

지각이 불가피하다면 빠르게 보고하세요. 지각이 예상된다면,

적어도 출근 시간 30분에서 1시간 전에 상사에게 전화로 보고하고 양해를 구해야 합니다. 연락이 닿지 않는다면 메시지를 남겨 상황을 알리는 것도 방법입니다.

지각 후에는 반드시 '늦어서 죄송합니다'라는 사과를 전해야 합니다. 조용히 자리에 앉거나 사과를 생략하는 것은 적절하지 않습니다.

근태는 출근과 결근을 아우르는 개념입니다. 학교에는 출석부가 있는데 근면하고 성실하게 학교를 나온 학생은 출석부에 기록되고 이를 토대로 개근상을 받을 수 있습니다. 개근상을 우수상보다 더 높이 쳐주던 시대도 있었습니다. 회사에는 조직 구성원들의 출근과 결근 사실을 매일 기록하는 '근태 대장'이라는 서류가 있습니다.

기업은 근태 기록을 통해 조직원들의 지각 빈도와 결근 일수를 파악하며, 이를 근무 평가의 주요 요소로 사용하죠. 한마디로 근태는 조직 내 평판 관리와 인사 고과에 있어 대단히 중요한 요소입니다.

출근 시각을 지키는 것은 업무에 어떻게 임하고 있는지 해당 사원의 태도와 책임감을 평가하는 중요한 척도입니다. 하루의 시작을 '죄송합니다'가 아니라 '안녕하세요'라는 당당한 인사로

해보세요. 긍정적인 시작은 하루의 에너지를 결정하고, 전반적
인 업무 성과에도 큰 영향을 미칩니다.

"여유 있는 출근 시간이
하루를 결정한다."

02
시간이 곧 신뢰,
데드라인을 지키자

마감 기한을 나타내는 영어 표현에는 'Deadline', 'Due Date', 'Cut-Off Date', 'Closing Date', 'End Date' 등 여러 가지가 있습니다.

이중 가장 흔히 사용되는 게 바로 'Deadline'으로 우리도 이를 한글로 데드라인이라고 그대로 일상생활에서 쓰고 있습니다. 이 단어는 'Dead'와 'Line'의 조합으로, 해석하면 '넘어서는 안 되는 선'을 의미합니다. 1864년 미국 남북전쟁 당시 포로 탈출을 방지하기 위해 경계선으로 사용된 줄의 이름에서 유래했다고 합니다. 이 선을 넘으면 사살되었기에 말 그대로 '죽음의 선'입니다.

업무에서도 마감 기한은 이와 같은 엄중함으로 이해해야 합니다.

데드라인은 팀 성과를 좌우

〈하버드 비즈니스 리뷰〉에 실린 한 연구에 따르면, 명확한 데드라인이 있는 프로젝트는 그렇지 않은 경우보다 20퍼센트 더 효율적으로 완료된다고 합니다.

데드라인이 중요한 이유는 다들 잘 알 것입니다. 데드라인은 체계적인 업무 관리와 효율적인 시간 활용을 계획하는 데 도움을 줍니다. 업무를 하다 보면 모든 일이 동시에 중요하게 느껴질 수 있습니다. 하지만 데드라인이 있으면 제 시간에 해내기 위해서는 무엇을 먼저 해야 하는지가 명확히 구분됩니다. 데드라인으로 인해 더 나은 의사결정을 내리고 긴급한 업무에 집중할 수 있습니다.

팀 프로젝트에서 데드라인 준수는 팀 전체의 성과를 좌우합니다. 연구에 따르면, 팀원들이 서로의 데드라인을 존중할 때 팀의 성과가 30퍼센트 이상 향상된다고 합니다. 데드라인을 지키는 것은 단순히 시간을 맞추는 것을 넘어, 팀원 간에 신뢰를 형성하고 목표를 달성하는 데 핵심적인 역할을 합니다.

C대리는 데드라인 관리의 모범 사례로 꼽힙니다.

"수요일이 기한이라면 화요일 보고를 목표로 합니다. 작업이 어느 정도 진행되면 중간보고를 하고 상사로부터 피드백을 받는 것을 중요하게 생각하죠."

C대리는 철저한 데드라인 관리와 중간보고 습관으로 상사의 신뢰를 얻었고, 이로 인해 시간을 효율적으로 사용해 결과물의 질을 높였습니다. 그의 빠른 승진은 우연이 아니었습니다.

신입사원에게는 데드라인 준수가 최고의 성과

상사는 신입사원에게 높은 퀄리티의 결과물을 기대하기보다는 성실하게 기한을 지키는 태도를 원합니다. 신입사원이 데드라인을 잘 지키려면 '먼저 질문하고 확인하는 습관'이 필요합니다. 질문은 되도록 빠르고 명확하게 해야 합니다. 입사 초 3~6개월은 질문을 많이 해도 괜찮습니다. 다만, 기본적으로 질문하기 전에 그룹웨어나 공지, 기존 자료를 먼저 확인하는 태도가 필요합니다.

업무 지시를 받으면 메모를 하고 모호하거나 불확실한 부분은 반드시 확인해야 합니다. 예를 들어, 상사가 '다음 주까지 보고해'라고 했다면, 정확한 일자와 시간을 다시 한번 확인하세요.

"여기서 말씀하신 다음 주는 금요일까지인가요, 아니면 월요일까지인가요?"

더 나아가 정확한 시간까지 확인해도 좋습니다. 이를 통해 불필요한 오해를 줄일 수 있습니다. 물론 질문하기 전에 내용을 미리 정리하고, 상사의 시간을 배려해 '잠시 질문드려도 될까요?'라고 양해를 구하는 것이 좋습니다.

이 책을 집필한 공저자들은 같은 회사 강사들인데, 데드라인과 관련해 공통점이 있습니다. 그것은 바로 '기한보다 하루 일찍 마감하기'입니다. 고객사의 요구나 내부 마감 기한보다 하루 먼저 완료를 목표로 설정해 시간을 여유 있게 관리한다는 특징이 있습니다. 이 방법은 효과적인 업무 관리에 큰 도움이 되기에 강력 추천합니다.

마감 기한을 지키기 위해서는 업무를 세분화해 각 단계마다 기한을 설정하면 좋습니다. 예를 들어, 기획 업무는 현황 파악⋯▶ 자료 조사 ⋯▶ 내용 구성 ⋯▶ 기획안 작성 ⋯▶ 중간보고 ⋯▶ 수정 보완 ⋯▶ 최종보고의 단계를 거칠 수 있습니다. 이때 계획을 지나치게 촘촘하게 세우는 것은 오히려 부담이 됩니다. 핵심은 '어떤 업무에 얼마나 시간을 할애할지'를 명확히 하고, 실제로 실행에 옮기는 것입니다.

데드라인은 단순한 기한 이상의 의미

이는 업무를 정상적으로 진행하고 완수하기 위한 약속이며, 약속을 지키는 것은 비즈니스의 기본입니다. 마감 기한을 지키는 습관은 업무뿐만 아니라 개인의 커리어에도 큰 영향을 미칩니다. 체계적인 시간 관리와 질문하는 자세로 효율성과 팀워크를 높이고, 상사와의 관계에 신뢰를 쌓아보세요.

거절도 요령 있게! 부드럽고 현명하게 거절하는 법

신입사원이라면 상사의 지시나 동료의 요청을 거절하는 것이 쉽지 않다. 하지만 무조건 "네"라고 대답하다 보면 업무 부담이 커지고, 결국 일의 완성도가 떨어질 수 있다. 감당하기 어려운 일을 맡게 되면 마감 기한을 맞추지 못하거나 실수가 늘어나 오히려 신뢰를 잃을 수도 있으니 적절한 거절은 나뿐만 아니라 팀 전체의 업무 효율을 높이기 위해서도 중요하다.

부드럽지만 확실하게 거절하는 방법을 익혀두면, 업무를 효과적으로 조율하면서도 좋은 인상을 남길 수 있다.

1. 요청을 끝까지 듣고 신중하게 답하기

상사나 동료가 업무를 맡기는 데는 이유가 있다. 바로 거절하고 싶어도 일단 끝까지 듣고 "어떤 업무인지 좀 더 자세히 알려주실 수 있을까요?"라고 물어보자. 업무 내용을 정확히 이해하면 우선순위 조정이 가능한지 판단할 수 있고, 상대방도 내 태도에서 신중함을 느낄 수 있다.

2. 업무 수행이 어려운 경우, 이유를 부드럽게 설명하기

이미 맡은 업무가 많다면 무리해서 수락하기보다 현재 상황을 솔직하게 전달한다. 상사의 업무 지시라면 다음과 같이 상사의 판단을 구하는 대답을 해보자. 그러면 거절이 아니라 업무 조율을 요청하는 느낌을 전달할 수 있다.

◎ "현재 맡은 업무와 새로 주신 업무를 병행할 수 있는지 확인하고 다시 말씀드려도 될까요?"

◎ "주신 업무를 우선으로 처리하는 것이 좋을지, 현재 진행 중인 업무를 마무리한 후 진행하는 것이 좋을지 확인하고 싶습니다."

3. 거절의 타이밍 조절하기

급한 요청이라면 최대한 빨리 상황을 전달하는 것이 좋다. 시간을 끌다가 나중에야 "진행하기 어렵습니다"라고 하면 상대가 더 곤란해질 수 있다. 반면, 중요한 제안이라면 성급하게 거절하기보다 "제가 지금 하는 업무를 살펴보고 다시 답변드려도 될까요?"라고 여유를 두는 것이 좋다.

부드럽고 현명한 거절은 나의 업무와 시간을 지키는 방법이다. 처음에는 어려울 수 있지만, 연습하다 보면 자연스럽게 일잘러로 인정받을 수 있다.

03

스마트한 회의 기술,
디테일이 중요하다

직장에서 인정받는 사람은 '일을 잘하는 사람'입니다. 회사는
공동의 목표를 달성하고 성과를 내기 위해 구성원들이 협력하는
공간이기 때문에, 일을 잘하는 사람이 좋은 사람으로 평가받는
것은 당연한 이치입니다. 특히 일을 잘하는 사람들은 회의의 본
질을 이해합니다. 신입사원에게 대단한 창의력이나 전문성을 기
대하는 것은 아니지만, 기본기를 갖춘 회의 준비와 참여는 조직
내에서 두 배 더 인정받는 기회가 될 수 있습니다.

"회의는 하면 할수록 회의감이 든다."

이런 직장인들의 푸념이 있습니다. 회의는 누구에게나 부담스

140 출근러의 생존법: 신입사원을 위한 회사 생활 A to Z

러울 수 있고, 또 계속되는 회의로 인해 업무 스트레스가 가중되기도 합니다. 신입사원이라면 생소한 용어와 주제로 인해 혼란스럽거나, 갑작스러운 질문에 당황할 수도 있습니다.

회의는 사전 준비가 중요

먼저 회의의 목적과 논의될 안건을 사전에 꼭 파악해두어야 합니다. 이때 단순히 '이번 회의는 다음 분기 매출 계획을 논의하는 자리'라는 정도로만 파악해서는 부족합니다. 이전 회의록이나 관련 보고서를 검토해 맥락을 짚어두고 필요한 자료도 준비해야 합니다.

신입사원이라면 회의실 세팅을 맡는 경우가 많습니다. 이 경우 회의 장소와 일시를 점검하고 참석자 명단과 직책, 역할도 숙지해두세요. 참석 인원에 맞춰 한두 부 여유 있게 자료를 뽑아 두고 자료를 이메일로 송부했다면, 메시지나 전화를 통해 전달 사실을 확인하는 것이 매너입니다.

복장은 단정하고 상황에 맞아야 하는데 중요한 회의라면 정장이 기본이며, 실내화나 캐주얼한 신발은 피하는 것이 좋습니다. 명함은 참석 인원보다 2~3장 여유 있게 준비해, 예상치 못한 상황에 대비하세요.

경청과 메모 도구 준비

"회의에 참석한 신입사원이 보여야 하는 가장 적합한 태도는 무엇인가?"

이 질문에 답은 한 단어로 '경청'입니다. 먼저 동료나 상사의 의견을 주의 깊게 듣고, 이해하지 못한 내용은 질문하세요.

'제가 잘 이해했는지 확인하고 싶은데요'로 시작하는 질문은 열정을 보여주는 좋은 방법입니다. 회의 중 발언할 기회가 주어진다면, 준비한 내용을 간결하고 명확하게 전달하세요. 즉석에서 의견을 제시하기 어렵다면, 다른 동료의 의견을 참고해 다음과 같이 새로운 관점을 더하는 것도 방법입니다.

"대리님 말씀에 공감합니다. 여기에 제가 생각한 추가 아이디어를 더해보면 좋을 것 같습니다."

또 회의 중 논의된 핵심 사항을 기록하세요. 태블릿이나 스마트폰을 이용할 수도 있지만, 상사의 성향에 따라 전통적인 노트를 사용하는 것도 괜찮습니다.

디테일이 중요한 미팅 성공

외부 방문자를 맞이할 때는 친절한 안내와 세심한 배려가 필요합니다. 회사명, 성명, 연락처를 확인하고, 주차가 필요한 경우

차량 정보를 등록합니다. 다과 준비 역시 빠질 수 없습니다. 미팅과 회의 성격에 맞는 간단한 간식을 준비하되, 부스러지지 않는 쿠키나 생수를 추천합니다. 원활한 회의 진행을 위해서 빔프로젝터, 화이트보드 등 필요한 기자재를 미리 살펴보세요.

고객사나 외부에서 회의를 한다면 약속시간보다 10분 일찍 도착해 준비된 모습을 보여주세요. 인사와 명함을 교환하고, 상대방보다 먼저 자리에 앉지 않는 등 기본 매너를 지켜야 합니다.

온라인 미팅은 기술적 오류가 발생하기 쉽기 때문에 사전 점검이 필수입니다. 링크와 접속 정보 확인은 두 번 세 번 거듭하는 게 좋습니다. 회의 툴 사용법과 네트워크 연결 상태도 점검하세요. 또 필히 카메라를 켜고 참여하며, 배경과 조명도 신경 써서 전문가다운 인상을 남기세요.

공유된 파일은 미팅 종료 전 반드시 다운로드하세요. 추후 별도로 요청하는 것은 실례입니다.

감사 인사로 마무리하는 것도 잊지 마세요. 미팅 후 참석자들에게 감사 인사를 전하는 것은 작은 배려이지만 아주 긍정적인 인상을 남길 수 있습니다.

"바쁘신 와중에 참석해주셔서 감사합니다. 다음 미팅에서 뵙겠습니다."

이와 같은 정중한 인사면 충분합니다.

회의가 끝나면 빠른 시간에 논의된 내용을 요약해 참석자들에게 공유해주세요. 이는 책임 소재를 명확히 하고, 후속 작업을 원활히 하는 데 필수적입니다.

신입사원으로서 미팅 준비와 참여, 마무리까지 꼼꼼히 챙겨보세요. 작은 디테일에서 드러나는 차이가 당신의 이미지를 결정 짓습니다.

회의록 작성은 신입사원의 중요 업무

회의록은 향후 실행 계획을 세울 때 참조할 수 있도록 회의에서 나눈 내용을 요약 기록한 문서입니다. 신입사원은 회의록 작성을 부담스러워할 수 있지만 몇 가지 원칙과 팁을 익히면 누구나 잘 쓸 수 있습니다.

먼저 회의록은 명확한 구조를 갖춰야 합니다. 일반적으로 기본 정보와 주요 내용, 후속 조치, 마무리로 이루어집니다.

회의록을 작성할 때 신입사원들이 가장 많이 하는 실수 중 하나가 모든 대화를 기록하려고 한다는 것입니다. 그러면 회의록이 산만해집니다. 중요한 논의 내용과 결정 사항만 요약하세요.

이때 보다 구체적으로 작성하는 게 좋습니다. '마케팅 전략 논의'보다는 '마케팅 전략 수정안 A 채택 결정'으로 적으세요. 주요 발언자도 간략히 기록합니다. 'L과장: 고객 분석 보고서 초안 검토 필요' 등처럼 말이죠. 실시간 기록이 어렵다면 약어(예: 의논 → 의)나 기호(ㅡ, → 등)를 사용해 시간을 절약해보세요.

가독성을 높이려면 항목별로 안건을 나눠 기록하세요. 또 중요 사항은 번호를 매기고, 간결한 문장으로 핵심만 적으세요.

후속 조치 사항은 별도로 강조하거나 굵은 글씨로 표시하세요. '담당자: L대리, 완료 기한: 1월 15일'처럼요. 마지막으로 회의록 작성 후 체크리스트를 확인해 완성도를 높여보세요.

처음에는 서툴더라도 꾸준히 연습하고, 상사나 동료에게 피드백을 받아 개선하세요. 잘 정리된 회의록은 신뢰받는 신입사원으로 자리 잡는 데 큰 자산이 됩니다.

[회의록 체크리스트]

✔ 날짜, 시간, 참석자 등 기본 정보가 명확히 기재되었는가?
✔ 논의된 주요 내용과 결정 사항이 빠짐없이 정리되었는가?
✔ 후속 조치와 담당자가 정확히 명시되었는가?
✔ 가독성이 좋은지, 문장이나 표현이 이해하기 쉬운지 검토했는가?

회의록 구성 요소

① 기본 정보
- 회의 제목
- 날짜 및 시간
- 장소
- 참석자 및 주요 발언자
- 회의 주제 및 목적

② 주요 내용
- 논의된 안건 (각 항목을 명확히 나열)
- 제안 및 의견 (주요 발언자와 핵심 내용을 간결히 기록)
- 결정 사항 및 합의 내용

③ 후속 조치
- 해야 할 일 (To-Do 리스트)
- 담당자 및 데드라인

④ 마무리
- 다음 회의 일정 (있을 경우)
- 추가 참고 자료나 문서

출근러의 생존법: 신입사원을 위한 회사 생활 A to Z

회의록 예시

회 의 일 시: 2020년 0월 00일

작 성 자: L신입

참 석 자: H대표, C소장, S팀장, K수석, L신입 총 5명

회 의 안 건: OO전자 DS사업부 하반기 승진자 과정 인문학 장기 차수 교육 프로젝트 킥오프 회의

내용

1. 신규 교육 프로그램 개발

- 상반기 교육과 겹치지 않게 커리큘럼 재정비(C소장)

- 트렌디한 교육 콘텐츠 파악하기(S팀장)

2. 교육 콘텐츠 구체화

- 교과목별 교수법 변화

- 참여 형식의 교육 훈련 보조재료 시간대별 재배치

3. 향후 진행 및 결정 사항

1. 관련 교육 훈련 보조재료 도구 연구 개발(교육팀)

2. 차수별 교육 시간에 따른 동영상 플랫폼 제작(K수석, L신입)

3. 총예산 관련 고객사와 회의 8월 16일(H대표, C소장)

04
신뢰를 쌓는 보고 기술로
두 배 더 인정받자

상사는 신이 아닙니다. 보고하지 않은 내용은 알 수 없습니다. 또 상사도 감정을 지닌 한 사람이죠. 그러니 상사를 대할 때는 적절한 소통과 보고 방식이 중요합니다.

최근 연구에 따르면, 상사의 감정 상태와 직원의 보고 방식은 직무 만족도와 조직 내 신뢰 형성에 큰 영향을 미친다고 합니다. 2022년 발표된 한 연구에서는 부하 직원이 상사의 기분과 상황을 고려해 소통할 때, 상사는 더 높은 신뢰감을 느끼고 긍정적인 평가를 내리는 경향이 있다고 밝혔습니다.

무엇보다 보고 시점을 현명하게 선택해야 합니다. 긴급한 상황에서는 즉시 보고하는 것이 맞지만, 그렇지 않은 경우라면 너무 이른 시간이나 퇴근 직전에 보고하는 것은 피하세요.

상사가 바쁜 일정에 치여 있거나 기분이 좋지 않을 때는 적절한 시점을 기다려 보고를 하는 것이 더 효과적입니다.

'지난번에 말씀드렸던 거요'라는 식의 애매한 표현은 하지 말아야 합니다. 상사는 모든 것을 기억하거나 완벽히 이해하는 능력을 가진 AI가 아님을 명심하세요. 보고를 시작할 때는 핵심 내용을 명확히 언급해 상사가 쉽게 주제를 파악할 수 있도록 해야 합니다.

보고는 공적인 업무 소통

조직은 '보고'로 시작해서 '보고'로 끝납니다. 가장 좋은 보고 방법 중 하나는 '짧고 간결한 보고'입니다. 상사와 동료가 필요한 정보를 빠르게 이해하고 신속하게 의사결정을 내리도록 돕기 때문입니다. 특히 바쁜 업무 환경에서는 시간을 절약하고 업무 효율성을 높일 수 있습니다.

이를 이해하지 못해서 신입사원들이 실수를 많이 합니다. 대다수 신입사원은 보고의 완성도를 높이기 위해 모든 자료를 준비한 뒤, 한 번에 보고하려는 경향이 있습니다. 하지만 이는 적절한 보고 시기를 놓치게 하거나 긴급 상황에 대처하지 못하게 해 큰 실수로 이어질 수 있습니다.

부정적인 이슈가 발생했을 때 이를 수습한 후 보고하려는 경향도 보이는데, 이로 인해 상황이 악화되거나 상사의 신뢰를 잃을 수 있습니다. 문제가 생기면 즉시 보고하는 것이 가장 좋습니다. 가능하다면 대안도 제시하는 것이 이상적이지만, 신입사원인 만큼 현 상황을 명확히 보고하는 것만으로도 충분합니다.

시각적 정보를 선호하는 상사에 대한 보고 스피치

상사의 유형에 따라 접근 방식을 조정하면 훨씬 효과적입니다. 보고서를 작성해 상사에게 제출하는 상황을 가정해봅시다. 상사의 반응에 따라 준비와 전달 방식을 어떻게 달리할 수 있는지 살펴보겠습니다.

먼저, 보는 것을 선호하는 상사입니다. 보고서를 제출하려 하자 상사가 손을 내밀어 '스톱'의 신호를 전하고 말합니다.

"잠깐만, 일단 좀 볼게."

이런 상사는 시각적 정보를 선호하는 유형입니다. 보고서를 꼼꼼히 읽고, 시각적인 자료를 통해 내용을 이해하려고 합니다. 이럴 때는 보고서의 완성도에 더욱 신경을 써야 합니다.

보고서에 사소한 오탈자나 문법적 오류가 없어야 신뢰를 얻을 수 있습니다. 그리고 수치와 데이터의 정확성에 예민하기에 보고서에 포함된 데이터나 그래프 역시 정확해야 합니다. 잘못된 수치 하나가 보고서 전체의 신뢰도를 떨어뜨릴 수 있습니다. 이런 유형의 상사와 회의를 하거나 보고 브리핑을 해야 한다면 제출한 서류의 폰트 크기와 정렬, 간격 등 시각적 요소에도 세심하게 신경을 써야 합니다.

필요한 경우, 시각 자료를 강화하세요. 차트나 그래프와 같은 시각 자료를 적절히 활용해서 말보다 자료의 완성도를 중요시하는 상사에게 인정받기를 바랍니다.

청각적 정보를 선호하는 상사에 대한 보고 스피치

보고서를 제출하자마자 상사가 툭 던지며 말합니다.

"그래서? 설명해봐."

이런 상사는 청각적 정보를 선호하는 유형입니다. 보고서의 내용을 직접 읽기보다는 보고를 듣고 판단하는 것을 더 선호하죠. 이런 경우에는 스피치적 요소에 신경을 써야 합니다. 서론을 길게 늘어놓지 말고, 핵심 메시지를 먼저 전달하세요. 주요 내용이 명확히 정리된 스피치가 중요합니다.

"이번 프로젝트의 주요 결과는 A와 B입니다. 이를 통해 예상되는 효과는 C입니다."

이와 같이 간결하면서 논리적 흐름을 유지해 말하는 게 좋습니다. 또 이 유형의 상사는 명확한 목소리와 자신감 있는 스피치를 선호합니다. 상사의 신뢰를 얻으려면 목소리에 힘을 싣고 자신감 있게 말해야 하는 거죠. 상사가 이 유형이라면 준비된 스피치로 듣는 즐거움을 제공하면 아주 유리하겠죠.

모든 상사는 다릅니다. 어떤 상사는 보는 것을 선호하고, 어떤 상사는 듣는 것을 선호합니다. 따라서 상사의 성향을 파악하고, 보고의 방식과 준비 과정을 조정해보세요. 보는 것을 선호하는 상사라면, 보고서 작성의 세부적인 완성도에 집중하면 좋고 듣는 것을 선호하는 상사라면, 간결하고 논리적인 스피치를 연습하면 큰 도움이 될 것입니다.

05

보고의 핵심 5요소를
명심한다

보고는 '상사가 물어보기 전에 먼저 하고, 간결하게 핵심 정보를 빠르게 전달하는 습관'을 들이는 것이 중요합니다. 효율적인 보고를 위한 핵심 요소 다섯 가지만 숙지한다면 더 인정받는 보고 브리핑을 할 수 있습니다.

첫 번째, 두괄식 보고 습관

보고의 효과성을 높이는 방법을 연구한 결과 두괄식 보고가 상사에게 긍정적인 인상을 주는 주요 요인으로 분석되었습니다. 또 다른 조사에 따르면, 간결하고 체계적인 보고를 받은 상사의

78퍼센트가 해당 직원에게 신뢰를 느낀다고 응답했습니다.

보고는 서론, 본론, 결론의 구조로 체계적으로 정리하는 것이 좋습니다. 특히 두괄식으로 핵심부터 전달하면 상사가 내용을 쉽게 이해할 수 있습니다. 복잡하거나 모호한 표현은 피하고, 상사가 듣고 싶어 하는 핵심 정보를 먼저 전달하세요.

두 번째, 사실 기반의 보고

사실과 추측을 명확히 구분하는 것이 중요한데요, '큰일 났습니다' 같은 감정적 표현보다는 구체적인 문제점과 대안을 보고해야 합니다. 또 '제 느낌에는요' 혹은 '아마도요'와 같은 표현 대신 명확한 근거를 제시하세요. 그래야 전문성을 인정받을 수 있습니다. 보고 내용이 구체적이고 근거가 뒷받침될수록 상사나 동료는 해당 보고를 신뢰하게 됩니다. 신입사원도 명확한 근거를 통해 자신의 의견을 설득력 있게 전달할 수 있습니다.

세 번째, 수치를 활용한 보고

〈하버드 비즈니스 리뷰〉에 따르면 숫자와 데이터 기반 보고는 의사결정 속도를 무려 45퍼센트가량 높인다고 합니다. 반면에 모호하거나 추측에 의존한 보고는 상사나 동료에게 오해를 불러일으킵니다.

'매출이 약간 증가한 것 같습니다'라고 하면 듣는 사람마다 해석이 달라질 수 있습니다. 그러나 '매출이 전년 대비 12퍼센트 증가했습니다'라고 데이터를 제시하면 불필요한 해석 차이를 줄이고, 모두가 동일한 정보를 바탕으로 업무를 진행할 수 있습니다.

"진짜 많이요."

"좋은 평가를 받았습니다."

이런 모호한 표현 대신 다음과 같이 구체적인 수치를 사용해 동향, 비중, 추이를 제시하는 것이 바람직합니다.

"워크숍 평가 점수는 평균 4.8점으로, 작년 대비 15퍼센트 상승했습니다."

네 번째, 확인을 위한 질문

상사가 보고 이후 피드백을 주면서 건넨 말이 애매하게 느껴질 때가 생각보다 많을 것입니다. 업무에 반영하라는 것인지, 아니면 단순히 참고하라는 것인지 판단이 서지 않아 혼란스러운데도 무능력해 보이고 싶지 않아 일단 '네, 알겠습니다'라고 대답한 뒤, 책상에 돌아와 고민에 빠지는 경우가 적지 않습니다.

이런 상황에서는 상사의 의도를 명확히 파악하기 위해 추가 질문을 하는 것이 좋습니다. 상사가 무엇을 기대하는지, 구체적으로 어떤 방향으로 진행해야 하는지를 묻는 것이 필요합니다.

다만, 여러 번 말했지만 질문할 때는 태도와 말투가 중요합니다. 상사에게 질문하는 동안에 공손한 태도를 유지하세요.

"같은 말을 몇 번씩 하게 만들 거야!"

이러면서 화를 내는 상사의 모습이 보고 싶지 않다면, 질문할 때도 상대방의 감정을 배려하는 접근이 필요합니다.

상사가 다음과 같이 말했다고 해볼까요?

"이번 프로젝트의 초기 자료를 준비해주세요."

그러면 공손한 태도로 궁금한 점을 구체적이고 명확하게 질문하세요.

"이 자료는 최종 보고서 작성을 위한 초안으로 준비하는 것인가요? 아니면 내부 회의에서 간단히 참고할 수 있는 수준으로 준비하면 될까요?"

상사는 당신의 질문에 정확한 의도를 설명해줄 것입니다.

한 신입사원은 상사의 모호한 지시를 자의적으로 해석해 보고서를 작성했습니다. 당연히 상사는 자신이 원하던 결과물이 아니어서 한소리하고는 다시 보고서를 만들어 오라고 시켰습니다. 이 경험을 토대로 이후 그는 업무를 시작하기 전에 질문을 적극

출근러의 생존법: 신입사원을 위한 회사 생활 A to Z

적으로 했습니다.

"이 작업에서 중점적으로 고려해야 할 부분은 무엇인가요?"

이를 통해 그는 상사의 기대를 충족시키는 결과물을 만들어 신뢰를 얻었을 뿐만 아니라, 업무를 효율적으로 수행할 수 있었습니다.

질문의 의도를 파악하지 않고 상사의 지시를 내 마음대로 해석해 업무에 반영했다가, 다시 작업을 반복하게 되는 것만큼 비효율적이고 자존심 상하는 일도 드뭅니다. 이런 상황이 반복되면 시간과 에너지가 낭비될 뿐 아니라, 상사에게 신뢰를 잃을 수도 있습니다.

결국, 상사의 모호한 업무 지시를 정확히 파악하려는 노력은 그 누구를 위한 것이 아니라 바로 나 자신을 위한 과정임을 잊지 말아야 합니다. 이는 단순히 상사를 만족시키기 위한 것이 아니라, 나 자신의 성장과 성과 올리기에 중요한 발판이 된다는 점을 늘 염두에 두세요.

한마디로 '나 편하자고', '나 좋자고' 하는 질문입니다.

다섯 번째, 상사의 의견 확인

보고 브리핑 중 상사의 피드백을 들을 때, 센스 있게 상사의 의견을 확인하세요. 상사의 의사결정 과정을 이해하면 지시의 배경과 목적을 더 명확히 파악할 수 있어, 불필요한 시행착오를 줄이고 업무 효율성을 높일 수 있습니다.

아무래도 의사결정권자의 생각을 파악하면 업무 진행에 큰 도움이 됩니다. 상사의 의도를 정확히 이해하면, 그들이 중요하게 여기는 방향이나 기준을 고려해 결과물을 준비할 수 있기 때문입니다.

출근러의 생존법: 신입사원을 위한 회사 생활 A to Z

06

회의와 보고에서 신뢰감을 주는
바디랭귀지를 구사하자

사람은 말보다 비언어적 요소에 더 영향을 받습니다. 2017년 계간지 〈비언어적 행동 저널(Journal of Nonverbal Behavior)〉에 발표된 연구에 따르면, 발표자나 보고자가 안정적이고 자신감 있는 비언어적 행동(눈맞춤, 올바른 자세, 적절한 제스처 등)을 보일 경우, 청중의 신뢰도가 40퍼센트 이상 증가하는 것으로 나타났습니다.

자신감과 신뢰를 전달하는 강력한 비언어적 신호

가장 먼저 눈맞춤부터 신경을 써보세요. 적절한 눈맞춤은 청중의 집중도를 높입니다. 회의 중 발언권이 넘어왔다면, 시선 처리에 신경을 써야 합니다. 발표나 보고 시, 그 공간 안의 주요 인물 (상사, 팀원)과 번갈아 눈을 맞추세요. 한 사람에게 시선이 머물지 않도록 해야 하고, 동공이 흔들리지 않고 자연스럽게 유지되어야 합니다.

꼿꼿한 자세와 자연스러운 몸짓은 자신감을 나타냅니다. 반면, 지나치게 산만한 움직임은 불안감을 전달할 수 있으므로 주의가 필요합니다. 의자에 앉아 있거나 서 있거나, 보고를 할 때는 등을 곧게 펴고 양발을 안정적으로 지면에 두는 것이 좋습니다. 짝다리를 하거나 다리를 흔드는 자세는 산만하다는 인상을 줄 수 있으므로 피해야 합니다.

손 제스처는 말의 흐름에 따라 자연스럽게 사용하는 것이 바람직합니다. 주머니에 손을 넣거나 팔짱을 끼는 자세는 폐쇄적이고 자신감이 없어 보일 수 있으니 삼가야 합니다. 대면 보고 시에는 손을 꼼지락거린다거나 뒷짐 지지 않도록 하고, 회의 중 앉아 있을 때는 손을 책상 위에 올려 두는 것이 좋습니다. 손의 위치가 어색하게 느껴진다면 메모를 하는 등 적극적인 자세를 보여주는 것도 좋은 방법입니다. 이처럼 동작만으로도 자신감과 신뢰감을 전달할 수 있습니다.

출근러의 생존법: 신입사원을 위한 회사 생활 A to Z

표정도 메시지를 전달

표정은 청중이 발표자를 평가할 때 가장 먼저 인지하는 비언어적 신호 중 하나입니다. 2018년 저명한 심리학 저널인 〈심리과학(Psychological Science)〉에 발표된 연구에 따르면, 사람들은 1초 이내에 상대방의 표정을 보고 신뢰도를 결정한다고 합니다. 이는 표정이 청중의 첫인상 형성과 메시지 수용도에 얼마나 큰 영향을 미치는지 보여줍니다. 즉 회의나 보고 브리핑에서 표정은 단순히 감정 표현을 하는 것을 넘어, 청중에게 메시지를 효과적으로 전달하고 신뢰를 형성하는 데 중요한 역할을 합니다.

발표자의 자신감 있는 표정은 청중을 집중하게 하고, 메시지의 설득력을 강화합니다. 반대로 자신감이 부족하거나 경직된 표정은 오해를 초래하거나 발표 내용의 신뢰도를 떨어뜨릴 수 있습니다.

따라서 공식적인 자리에서는 상황과 내용에 맞는 표정 연출이 필수적입니다. 기쁜 소식을 전달할 때는 밝은 미소와 활기찬 표정으로 분위기를 긍정적으로 이끄세요. 매출 증가나 프로젝트 성공과 같은 발표에서는 진심 어린 미소와 자신감 있는 표정이 청중에게 긍정적인 에너지를 전달합니다. 중요한 정보나 데이터 발표에서는 진지한 표정을 유지하며 전문성을 강조해야 합니다.

지나치게 웃거나 긴장이 풀어진 표정은 발표 내용의 중요성을 약화시킬 수 있으므로 주의가 필요합니다.

부정적인 이슈를 다룰 때는 냉정하고 침착한 표정이 필요합니다. 문제의 심각성은 전달하면서도 차분한 표정을 통해, 해결을 위한 준비와 의지를 드러내는 것이 중요합니다.

스피치 연습을 할 때는 거울을 보며 자신의 표정을 점검해보세요. 꾸준한 연습은 분명한 변화를 만들어냅니다.

07

적절한 회의 스피치로
메시지 전달 효과를 높인다

회의에서 발표자의 목소리가 작거나 떨리면, 듣는 사람은 자연스럽게 '준비가 부족한가?' 또는 '긴장하고 있나?'와 같은 부정적인 인상을 받을 가능성이 높습니다.

회의 장소의 크기와 청중과의 거리까지 고려해, 목소리가 또렷하게 전달될 수 있도록 조절하세요. 소규모 회의에서는 부드럽고 자연스러운 톤이 효과적입니다. 다만, 목소리가 너무 작으면 전달력이 떨어지고, 지나치게 크면 부담을 줄 수 있어 적절한 소리 조절이 필요합니다. 넓은 공간에서는 또렷하고 힘 있는 목소리를 내야 합니다. 공간의 규모에 맞춰 목소리의 크기, 톤을 조절하면 메시지가 더욱 명확하게 전달되고, 그 과정에서 드러나는 발표자의 자신감은 청중의 신뢰를 이끌어냅니다.

또한, 이른바 '국어책 읽는' 듯한 딱딱한 말투는 청중에게 지루함을 줄 수 있고, 집중력을 떨어뜨려 졸음을 유발할 수도 있습니다. 목소리의 높낮이를 리드미컬하게 조절하세요.

말의 속도도 조절

회의 스피치나 보고 브리핑을 할 때는 말의 속도를 청중의 성향과 상황에 맞춰 조절하는 것이 중요합니다. 모든 청중이 같은 말하기 속도를 선호하는 것은 아니기 때문입니다. 성격이 급한 청중 앞에서 지나치게 느린 말투는 답답함을 줄 수 있고, 반대로 차분하고 꼼꼼한 성향의 청중 앞에서는 지나치게 빠른 말투가 신뢰를 떨어뜨릴 수 있습니다.

상사나 동료가 성격이 급하다면 말의 속도를 다소 빠르게 하고 핵심부터 전달하는 두괄식 보고를 활용하는 것이 효과적입니다. 다만 말이 빨라지면 발음이 부정확해질 수 있으니 주의해야 합니다. 또 알아듣기 힘들 정도의 빠른 말투는 오히려 지나치게 서두른다는 인상을 줄 수 있으니 말의 템포를 '약간 빠르게' 정도로 맞추세요.

반대로 차분한 성향의 상사 앞에서는 논리적이고 체계적으로 설명하면서, 중요한 부분에서는 속도를 늦춰 강조하면서 이해도를 높이는 것이 좋습니다.

말의 속도는 단순히 청중의 성향뿐만 아니라 상황에 따라서도 조정되어야 합니다. 상사가 바쁜 일정 중에 짧은 브리핑을 요청했다면 간결하게 핵심만 전달하세요. 반대로 여유 있는 시간에 진행되는 회의나 상세한 분석이 필요한 보고에서는 느리지만 분명한 속도로 설명하는 것이 적합합니다.

보고자나 발표자는 청중이 메시지를 명확하게 이해하도록 그들의 기대에 부합하는 커뮤니케이션을 제공해야 합니다. 이를 위해 청중의 반응을 주의 깊게 살피고, 필요한 경우 속도를 즉각 조정하는 유연성을 갖추는 것이 중요합니다.

스피치 교육으로 꾸준히 연습

S전자, H그룹 외 다수의 대기업에서 분기별 성과발표 대비 스피치 교육을 진행한 지 10년이 넘었습니다. 이때 늘 실전처럼 교육을 진행했습니다. 그래야 확실한 성장을 이룰 수 있기 때문입니다.

스피치 교육에서 목소리 훈련은 빼놓을 수 없는 핵심 중 하나입니다. 듣기 좋은 목소리와 효과적인 전달을 위해서는 꾸준한 연습이 필요합니다. 흔히 '보이스 트레이닝'이라고 불리는 이 과정은 단순히 발음 훈련을 넘어 신뢰와 설득력을 높이는 데 중요한 역할을 합니다. 검증받은 다양한 연구에 따르면 고음보다는 중저음의 목소리가 더 신뢰를 주고 권위 있게 들리는 것으로 나타났습니다.

그렇다고 억지로 중저음을 만들기보다는 자신에게 가장 자연스럽고 편안한 목소리를 찾는 것이 중요합니다. 자신만의 안정된 톤을 찾을 때까지 호흡과 발성을 중심으로 꾸준히 연습해보세요.

W사원은 유명 대기업의 신입사원으로, 프로젝트 결과를 보고하는 자리에서 긴장한 표정과 말끝을 흐리는 말투로 인해 부정적인 피드백을 받았습니다. 상사와 동료들은 보고 내용보다도 자신감 없는 태도에 주목했으며, 이로 인해 보고의 설득력이 크게 떨어졌습니다. 이후 그는 부족했던 전달력을 개선하고자 스피치 교육을 찾았습니다.

W사원은 주 1회 말투 디자인, 표정, 자세 교정을 포함한 체계적인 훈련을 받았습니다. 퇴근 후 피곤한 몸을 이끌고 3개월간

꾸준히 연습한 결과, 이후 보고에서는 밝고 단호한 표정을 구사하게 되었습니다. 그의 이런 변화는 상사와 동료들로부터 긍정적인 평가를 이끌어냈으며, 보고의 설득력을 높였습니다.

[말의 속도 조절, 왜 중요할까?]

말의 속도는 청중의 이해도와 신뢰를 좌우하는 중요한 커뮤니케이션 요소이다. 발표자에 대한 인상, 메시지 전달력, 청중의 몰입도까지 모두 여기에 영향을 받는다.

1. 상황에 맞는 속도 조절은 연습으로 가능하다
   말의 속도, 톤, 리듬을 청중과 상황에 맞게 조절할 수 있음

2. 전달력이 향상되고, 발표자의 자신감이 드러난다
   말이 또렷하게 전달되면서, 발표자의 준비성과 침착함이 자연스럽게 느껴짐

3. 청중은 전문성을 느낀다
   발표자의 말과 태도에서 발표 내용을 잘 알고 있다는 전문성을 인식함

4. 몰입과 신뢰로 이어진다
   청중은 발표에 집중하게 되고, 발표자에 대한 신뢰도가 높아짐

안정감 있는 스피치의 기본은
호흡 관리이다

아무리 뛰어난 업무력을 가지고 있어도, 그것을 제대로 전달하지 못하면 능력을 인정받기 어려운 세상입니다. 회의 스피치와 보고 브리핑은 자신의 전문성과 성과를 효과적으로 표현할 수 있는 무대입니다.

목소리가 아무리 좋더라도, 말에 확신이 느껴지지 않으면 성공적인 회의 스피치나 보고 브리핑이 될 수 없습니다. 청중은 발표자의 목소리뿐만 아니라, 말의 방식과 태도에서 메시지의 신뢰도를 판단하기 때문이죠. 말의 끝맺음, 발성 방식, 불필요한 표현의 제거는 신뢰감 있는 발표를 만드는 핵심 요소입니다.

복식호흡 연습과 휴대폰을 활용한 음성 분석

 말을 할 때 호흡이 부족하면 말이 빨라지고 소리가 가벼워지며 긴장감이 목소리에 드러날 수 있습니다. 반대로, 숨을 깊이 들이마신 뒤 말하면 목소리가 안정적이고 듣기 좋게 변합니다. 복식호흡은 효과적인 발성을 위한 기본 기술이기도 하니 앞에서 긴장 완화를 위해 해본 심호흡하기(복식호흡) 연습법을 다시 한번 살펴볼까요?

[심호흡하기]

1. 의자에서 등을 곧게 세우고 두 손은 무릎 위에 편안하게 올린다.
2. 코로 숨을 깊이 들이마시며 배가 부풀어 오르는 것을 느낀다(4초).
3. 숨을 들이마신 상태로 멈춘다(2초).
4. 다시 입으로 천천히 숨을 내쉬며 배가 가라앉는 것을 느낀다(6초).
5. 이 과정을 5~10회 반복한다.

 복식호흡을 꾸준히 연습하면 더 안정적이고 깊이 있는 목소리를 낼 수 있습니다.
 또한 자기 목소리 모니터링은 좋은 목소리 만들기의 시작입니다. 자신의 목소리와 발표 스타일을 개선하려면 객관적인 피드백이 필요합니다. 이를 위해 휴대폰 동영상 촬영이나 녹음 기능을 활용해 자신의 말투, 전달 방식을 모니터링해보세요.

[음성 분석 방법]

1. 휴대폰으로 발표를 녹음한 후, 녹음을 음성 텍스트 변환앱(예: 카카오톡 음성 인식 기능)을 활용해 텍스트로 변환한다.
2. 텍스트로 변환된 내용을 검토하며 정확한지 확인한다. 발음이 부정확해 특정 단어가 오류로 기록된다면 발음 개선이 필요하다.
3. 문제를 발견했다면 녹음을 들어보면서 발음 연습과 속도 조절을 반복적으로 훈련한다.

발음이 명확하지 않거나 특정 음소에 취약한 경우, 반복적인 발음 연습을 통해 큰 변화를 만들 수 있습니다. 특히 '아, 에, 이, 오, 우, 애'의 여섯 가지 모음만 신경 써서 발음해도 확실히 달라지는 것을 느낄 수 있습니다.

발음 연습을 할 때는 입술뿐 아니라 아래턱까지 자연스럽게 움직일 정도로 입을 크게 벌려 말해보세요. 최소 100회 이상 반복한다는 마음으로 꾸준히 연습하는 것이 중요합니다. 반복 훈련은 눈에 띄는 변화를 만들어냅니다.

출근러의 생존법: 신입사원을 위한 회사 생활 A to Z

말끝을 습관적으로 올리는 사람

모든 말끝을 올려서 말하면 사람이 있습니다. 지속적으로 말끝을 올리면 청중에게 가벼워 보인다는 인상을 줄 수 있습니다.

"이번 프로젝트는 성과를 냈습니다?"

"상반기 대비? 무려? 25퍼센트?"

이렇게 말끝을 물어보는 식으로 계속 올리면 확신 없는 발표로 느껴질 수 있습니다. 반면, 모든 말끝을 내리면 지나치게 단조롭고 무겁다는 인상을 줄 수 있습니다.

말끝을 올리고 내리는 데에도 균형이 필요합니다. 중요한 부분에서는 말끝을 살짝 내려 청중에게 확신을 심어주고, 분위기를 부드럽게 만들고 싶다면 간헐적으로 말끝을 살짝 올려 친근감을 더하면 됩니다.

"이번 프로젝트는 목표를 초과 달성했습니다." (내림)

"다음 주부터는 추가적인 분석이 필요합니다, 그렇죠?" (올림)

이렇게 올림과 내림을 균형 있게 조정하면 발표가 자연스럽고 설득력 있게 들립니다.

말을 툭툭 던지는 발성은 자칫 공격적이거나 건조하게 들릴 수 있습니다. 대신, 말을 부드럽게 포물선을 그리듯 이어가면 청중의 귀에 잘 들리고 신뢰감을 높일 수 있습니다. 중요한 문장을 말

할 때 목소리를 자연스럽게 시작해 중간에서 살짝 높이고, 끝을
부드럽게 내려 안정감을 주세요.

"이번 회의의 목표는, 프로젝트 진행 상황을 점검하고, 개선점
을 도출하는 것입니다."

세 부분으로 나누어놓은 이 문장으로 연습해보세요.

불필요한 말버릇 없애기

'어', '음'과 같은 불필요한 말버릇은 청중의 집중력을 흐트리고
발표자의 신뢰도를 떨어뜨립니다. 이런 말버릇은 준비 부족이나
내용 숙지 부족으로 오해받기도 쉽습니다.

주로 말이 막히거나 생각을 정리할 때 불필요한 이런 소리를
많이 내는데요, 그런 경우라면 잠시 멈추는 것이 크게 티가 나지
않으면서도 자연스럽습니다. 자신의 발표를 녹음해 들으면서 불
필요한 표현을 얼마나 자주 하는지 확인하세요. 그런 다음 의식
적으로 줄이는 연습을 하면 충분히 바로잡을 수 있으니 너무 걱
정하지 마세요.

확신 있는 말투와 신뢰감을 주는 발성은 성공적인 회의 스피치와 보고 브리핑의 핵심입니다. 말끝의 균형, 부드러운 발성, 불필요한 표현의 제거는 발표력을 한 단계 끌어올리는 기본 원칙이라고 할 수 있습니다.

스마트한 업무
커뮤니케이션의 기술

01
(비대면 업무 커뮤니케이션)
- 전화

대충 하면 타격감이 생각보다 큰 게 전화 관련 커뮤니케이션이라는 사실을 아시나요? 스마트폰과 컴퓨터의 발달로 SNS와 메신저 같은 다양한 소통 방법이 등장했으며, 사내 인트라넷을 통해 업무 보고까지 가능해진 시대입니다. 그 결과, 개인과 기업의 전화 통화 횟수는 크게 줄어들었습니다. 그러나 그런 만큼 전화 관련 비대면 업무 커뮤니케이션은 더욱 중요해졌습니다. 전화 한 통이 개인의 평판은 물론, 기업의 이미지에도 심각한 영향을 미칠 수 있기 때문입니다.

비록 얼굴을 마주하지 않는 상황이지만, 전화기를 통해 전달

출근러의 생존법: 신입사원을 위한 회사 생활 A to Z

되는 목소리, 말투, 언어 선택은 상대방에게 호감 또는 비호감의 인상을 남깁니다. 실제로 한 설문조사에 따르면 응답자의 70퍼센트가 불친절한 전화 응대를 한 기업의 제품이나 서비스를 다시 이용하지 않겠다고 답했습니다.

이는 전화 커뮤니케이션이 단순한 소통 수단을 넘어, 신뢰 형성과 이미지 구축의 핵심 도구임을 보여줍니다.

'전화 포비아'라는 신조어까지 등장

전화 받기를 두려워하는 현상을 뜻하는 '전화 포비아'라는 신조어가 등장했습니다. 이는 전화 통화 중 실수를 할까 봐 걱정하거나, 상대방의 반응에 대한 두려움으로 인해 전화를 기피하는 사람들이 겪는 심리적 상태를 지칭합니다. 전화 포비아를 가진 사람은 심한 경우 부재중 전화가 와 있음을 확인했는데도 무시하거나 응대하지 않기까지 합니다. 이는 특히 직장에서 큰 문제를 일으킬 수 있습니다.

전화 포비아는 빠르고 명확한 의사소통이 필요한 업무 환경에서 치명적인 실수를 불러올 수 있습니다. 이메일이나 메시지를 통한 소통은 시간 제약이 상대적으로 적어 편리합니다. 하지만 긴급한 상황에서는 쓸 수 없습니다. 이런 경우는 전화 통화가 필수적입니다. 예를 들어, 고객사에서 문제를 즉시 해결해 달라는 요청을 문자로 보냈다고 가정해봅시다. 이 문자를 확인한 담당자가 전화를 통해 세부 내용을 다시금 짚은 다음 신속히 대응하면 문제가 빠르게 해결될 가능성이 높습니다. 그러나 전화를 기피하고 계속 메시지로만 소통하려 한다면, 문제 해결이 지연되어 신뢰를 잃을 수도 있습니다.

〈비즈니스 커뮤니케이션지(Journal of Business Communication)〉에 2019년 발표된 연구에 따르면, 즉각적인 피드백이 필요한 업무 상황에서 전화 통화가 이메일이나 메신저보다 62퍼센트 더 높은 효율성을 보였다고 합니다. 전화 통화가 명확한 의사 전달과 문제 해결 능력을 높이는 데 중요한 역할을 한다는 것이죠.

사회 초년생, 신입사원들에게는 전화 업무가 어렵고 불편합니다. 저 역시도 그랬으니까요. 과거 첫 직장은 지역 언론사였습니다. 방송 제작팀에서 일했는데 섭외를 위한 전화 업무가 많았습니다. 처음에는 어찌할 바를 모르고 버벅거리기도 여러 차례였지만 선배 작가와 아나운서들이 전화 인터뷰 업무를 어떻게 처리하는지 지켜보면서 많은 것을 깨달았습니다. 전화를 어떻게 하고 받느냐에 따라 이후의 업무가 얼마나 수월해질 수 있는지가 눈앞에 생생히 드러났습니다.

업무 전화는 업무 미팅과 같은 관점에서 접근

전화할 때 가장 먼저 고려해야 하는 것은 시간과 상황입니다. 우리는 업무 미팅을 지나치게 이른 아침이나 늦은 밤에 잡지 않으며, 식사 시간에도 방문하지 않습니다. 전화 통화 역시 마찬가지로, 상대가 전화를 받을 수 있는 적절한 시간인지 확인하는 것이 중요합니다.

또 사전에 약속되지 않은 전화라면 연결 직후 '지금 통화 가능하실까요?' 또는 '지금 잠시 시간 괜찮으신가요? 업무와 관련해서 말씀드릴 내용이 있어서요'라고 물어 상대방의 상황을 배려하는 것이 좋습니다. 이는 상대에게 신뢰를 주고, 커뮤니케이션의 시작을 원활하게 만들어줍니다.

업무 내용은 간결하고 명확하게 전달해야 합니다. 이를 위해 전화를 걸기 전에 용건을 미리 정리하고, 상대가 전화를 받으면 즉시 인사와 함께 자신의 소속과 이름을 밝히는 것이 기본입니다. 급하다고 인사를 생략하고 곧바로 용건을 이야기하면 상대방에게 불쾌감을 줄 수 있습니다. 또 서로 아는 사이라 하더라도 '예~, 전데요'와 같은 비공식적인 말투는 피하는 것이 좋습니다. 예의를 갖춘 첫 마디는 전화 통화의 인상을 좌우합니다.

전화 종료 순서도 많이들 고민합니다. 일반적으로 전화는 먼저 건 쪽에서 끊는 것이 매너입니다. 하지만 상사나 윗사람과의 통화에서는 상대방이 먼저 끊을 때까지 기다리는 것이 적절합니다. 전화가 도중에 끊어졌다면, 건 쪽에서 다시 연락하는 것이 예의입니다.

2020년 〈하버드 비즈니스 리뷰〉는 늦게 전화를 받거나 도중에 끊긴 경우 적절한 사과와 재연결이 고객 신뢰도를 높이는 데 효과가 있다고 했습니다.

전화를 받을 때는 메모할 준비를 미리 해두세요. 통화 중에 '잠시만요, 메모할 종이 좀 가져오겠습니다' 같은 말을 하면 준비성이 없다는 인상을 줄 수 있습니다. 또 벨 소리가 세 번 이상 울리기 전에 받는 것이 권장되며, 늦게 받았을 경우 '늦게 받아 죄송합니다'라고 사과하는 것이 좋습니다.

한 중소기업의 고객센터는 초기에 불친절한 응대와 비효율적인 커뮤니케이션으로 고객 불만을 자주 접수받았습니다. 이후 회사는 전 직원을 대상으로 체계적인 전화 매너 교육을 진행했습니다. 특히 사전 인사, 용건 전달, 종료 매너를 철저히 훈련시킨 결과 고객 만족도가 40퍼센트 이상 상승했고, 재구매율 또한 크게 증가했습니다.

출근러의 생존법: 신입사원을 위한 회사 생활 A to Z

사적인 통화는 어디서 어떻게

회사 업무 중 사적인 통화를 해야 하는 상황은 언제든지 생길 수 있습니다. 그러나 그 통화를 어디서 하느냐에 따라 문제가 될 수 있습니다. 업무 통화조차도 길어질 경우 빈 회의실로 이동하여 옆 동료들의 업무에 피해를 주지 않는 것이 기본 매너입니다. 하물며 사적인 통화를 공용 업무 공간에서 진행하는 것은 더욱더 실례가 될 수 있습니다.

또 동료들이 있는 곳에서 사적인 통화를 하면서 자신의 개인적인 이야기를 굳이 알릴 필요가 없습니다. 무엇보다 그로 인해 불필요한 오해나 스트레스가 발생할 가능성도 있습니다.

필자가 교육을 진행한 한 고객사가 왜 전화 매너 교육을 하게 되었는지 이야기해준 게 떠오릅니다. 교육 의뢰 담당자는 회사의 어떤 직원이 업무 시간 중 이어폰을 끼고 음악을 크게 듣다가 전화가 오면 주변 눈치를 보지 않고 사적인 통화를 너무 자연스럽게 이어갔다고 했습니다. 그 직원의 통화 내용은 전 부서에 들릴 정도였는데다 빈도도 잦아 다른 직원들이 큰 스트레스를 받고 업무 집중도가 저하되는 상황이 발생했던 것이죠. 결국 교육을 의뢰하여 직원들에게 적절한 커뮤니케이션 매너를 학습시키고 상황을 개선할 수 있었습니다.

사적인 통화는 가능하면 빈 회의실이나 휴게실, 혹은 사외 공간에서 하는 것이 바람직합니다. 동료들이 느낄 불편함을 줄이고, 서로를 배려하는 문화를 만들어 나가야 합니다.

업무 전화 통화를 잘하려면

전화 포비아를 극복하려면 무엇보다 중요한 통화를 하기 전에 대화의 주요 포인트를 정리해두는 연습이 필요합니다. 또한 문자로 업무 지시를 받았더라도, 안건의 중요성과 시급성을 판단하여 전화로 상황을 확인하거나 진행 상황을 간단히 전화로 보고하는 것이 더 효과적일 수 있음을 받아들여야 합니다.

전화하는 순서, 사적인 통화와 같은 전화 관련 매너에도 숙달되어야 합니다.

전화 통화를 두려워하지 않고 적극적으로 활용하려는 태도는 직장 내 소통과 업무의 질을 높이는 데 필수적입니다. 업무 환경에서 전화 커뮤니케이션의 가치를 인식하고, 효과적으로 활용하려는 노력이 여러분을 성장시킬 것입니다.

한눈에 보는 전화 매너

■ 전화 걸기 전 준비

• 통화 가능 시간인지 확인
• 상대(담당자) 이름/직책 확인
• 통화 목적 정리-일정 조율, 요청사항 등
• 메모를 위한 수첩/펜 준비

■ 전화 걸기

1단계 인사 후 본인 소개

2단계 전화 건 목적 설명 및 통화 가능 여부 문의

3단계 통화 내용 정리 및 요청사항 전달

4단계 감사의 표현과 인사말로 마무리

5단계 상대방이 끊은 것 확인 후 또는 2~3초 후 끊기

■ 받을 때

• 소속 및 이름 소개하고 인사

• 상대방과 인사 후 전화 목적에 대한 대화 진행

• 요청 및 정리 사항이 있다면 재확인 후 인사로 마무리

• 전화를 늦게 받았다면 늦게 받은 부분에 대한 사과 멘트 후 진행
  예) 기다려주셔서 고맙습니다, 늦게 받아 죄송합니다 등

비대면 업무 커뮤니케이션
- 문자와 SNS

현대 사회에서는 스마트폰의 문자나 SNS 기능을 활용해 업무 관련 내용을 주고받는 게 일상화되었습니다. 이로 인해 편리성이 증대되었으나 잘못 사용하면 오히려 안 쓰는 것만 못한 상황이 벌어지기도 합니다. 어떻게 하면 문자나 SNS를 잘 활용할 수 있을까요?

문자 똑똑하게 활용하기

문자를 가장 효과적으로 활용하는 방법은, 업무 통화 직후 중요한 내용을 정리해 다시 한번 확인 메시지를 보내는 것입니다.

특히 통화 중 숫자나 날짜 같은 정보를 정확히 들었는지 확신이 서지 않을 때, 문자를 통해 재확인하는 것이 좋습니다. 다음과 같이 문자를 보내면, 사소한 실수를 미리 방지할 수 있습니다.

> 방금 통화 내용 확인 차 다시 정리해서 보냅니다.
> OO월 OO일까지 보고서를
> 제출하면 된다는 말씀이시죠?

특히 발음이 좋지 않은 상대와의 통화나 업무 내용을 완벽히 이해하지 못했을 때 이러한 방식의 활용은 큰 도움이 됩니다. 신입사원이라면 센스를 발휘해 업무를 주도적으로 정리해두세요. 상사와 동료에게 긍정적인 인상을 남길 뿐 아니라 실수도 미연에 방지할 수 있습니다.

S생명 신입사원 교육 과정에서 만난 U사원은 영업부서로 발령을 받았습니다. U사원은 상사와의 통화 이후 주요 내용을 요약해 문자로 보내는 습관을 들였습니다. 상사는 이를 통해 내용의 누락을 방지할 수 있었고, U사원에 대한 신뢰가 점점 더 커졌습니다.

3년 뒤, 다른 교육 과정에서 우연히 다시 만난 U사원은 신입사원 시절 익힌 문자 요약 습관이 영업 현장에서 고객 응대에도 큰 도움이 되었다고 말했습니다. 그는 성실하고 신뢰감 있는 이미지를 쌓으며 충성 고객을 다수 얻었고, 그 결과 동기들보다 높은 실적을 유지하고 있다고 했습니다.

업무 외 시간에 통화를 해야 할 경우에도 문자는 효율적인 역할을 합니다. 예를 들어, 밤늦게 전화를 해야 한다면 직접 전화를 걸기 전에 '지금 통화 가능하신가요?'라는 간단한 문자를 보내 상대방의 상황을 확인해볼 수 있습니다. 이는 불필요한 불편함을 줄이고, 원활한 소통이 가능해지도록 만듭니다.

간결하고 명확하지만 건조하지 않은 문자 문체

문자 메시지는 간결하고 명확해야 하지만, 지나치게 건조한 말투는 오히려 부정적인 인상을 줄 수 있습니다. 상대방의 성향에 따라 적절한 말투를 선택하는 것이 중요합니다. 친밀한 동료와의 대화라면 약간은 캐주얼한 표현이나 이모티콘을 사용할 수 있지만, 상사나 고객과의 대화에서는 공식적인 톤을 유지해야 합니다. 과도한 이모티콘, 은어, 비속어의 사용은 신뢰도를 떨어뜨릴 수 있으므로 업무 메시지에서는 가급적 자제하는 것이 좋습니다. 예를 들어 다음이 적당합니다.

출근러의 생존법: 신입사원을 위한 회사 생활 A to Z

안녕하세요, OO 관련하여 확인 요청드립니다.
확인 후 말씀 부탁드립니다.
감사합니다.

앞뒤 맥락 없이 부적절한 말투로 문자를 보내면 어떨까요?

이거 확인해주실 수 있나요~?
뿌잉뿌잉😊😊

전자와 후자, 어느 쪽 문자를 보낸 직원에게 더 신뢰감을 느낄까요? 적절한 말투와 표현은 메시지를 받는 사람의 기분을 고려한 센스 있는 커뮤니케이션의 기본임을 잊어서는 안 됩니다.

또 다음처럼 메시지를 짧게 여러 번 보내는 것은 상대방에게 피로감을 줄 수 있습니다.

안녕하세요.

혹시 OO 가능하실까요?

시간 괜찮으시면 알려주세요.

이런 식으로 나누어 보내기보다 한 번에 내용을 정리해 전달하는 것이 더 효과적입니다.

> 안녕하세요, OO와 관련해 문의드립니다.
> 가능하신 시간에 답변 주시면
> 감사하겠습니다.

메시지가 간결하고 구조적으로 명확할 경우, 그렇지 않은 경우보다 상대방의 응답 시간이 단축될 수 있습니다. 문자 메시지는 전화 통화 내용을 보완하는 효과적인 업무 수단으로, 상대방의 시간을 배려하는 동시에 상황에 맞춰 말투와 표현을 조절하는 센스를 발휘하면 더욱 효율적인 커뮤니케이션이 가능합니다.

SNS 프로필 사진과 대화명 관리는 기본

SNS의 프로필 사진과 대화명을 통해 부정적 감정을 일부러 노출해 팀원들을 불편하게 하는 사람들이 생각보다 많습니다. 오랜 지인이자 CS교육컨설팅 교육을 하는 고객사 교육 담당자인 S과장이 어느 날 흥분해서 전화를 걸어왔습니다.

"아니 글쎄, 회의 마치고 난 뒤 추가 지시사항이 있어서 톡을 보내려고 봤더니 '기분 별로!! 아무도 말 걸지 마!! 특히 너!!'라고 대화명을 해뒀더라고. 와, 이거 나 보라고 한 거 맞지?"

조직 내에서 SNS 메신저를 활용한 업무 소통이 보편화되면서 SNS 프로필 사진과 대화명 관리의 중요성이 점점 더 강조되고 있습니다. 업무적 상황에서 사용되는 SNS 프로필은 개인의 전문성과 조직의 이미지를 대변할 수 있습니다. 따라서 개인의 감정 상태를 과도하게 드러내거나 사적인 내용을 지나치게 포함한 프로필 사진이나 대화명 사용은 바람직하지 않습니다.

신입사원이 휴양지에서 찍은 과도한 노출의 사진을 프로필 사진에 걸고는 상태 메시지에 이런 말을 올려놓았다면 어떤 생각이 들까요?

"아, 회사 다니기 싫다."

상사나 동료에게 당연히 일을 열심히 하려는 생각이 없고 언제든지 회사를 그만둘 수 있는 사람이라는 부정적인 인상을 심어줄 수 있습니다. 그러면 업무를 가르쳐주기가 꺼려지고, 같이 일을 으싸으싸 열심히 해보자는 생각도 사라질 수 있습니다. 당연히 팀 내의 협업 분위기를 해칩니다.

요즘에는 더 나아가 이런 상태 메시지도 보입니다.

"응, 그래! 네 팔뚝 굵다."

"넨넨넨~ 알게씀돠!!"

"이게 안 돼? 응, 안 돼!"

특정인을 겨냥한 비아냥거리는 상태 메시지는 동료나 상사에게 싸우자는 느낌을 줄 수 있습니다. 이는 모든 사람에게 유치하다는 인상을 심어줍니다.

SNS 잘 사용하면 개인 홍보의 장

적절하고 전문적인 프로필 사진과 대화명은 개인의 전문성을 강조하고 조직 내외부에 긍정적인 이미지를 전달합니다. 공식적이거나 전문적인 행사에서 찍은 사진에 실명이나 업무에 적합한 별명을 사용하는 것이 좋습니다. 또 현재 업무 상태를 나타내는 긍정적인 말이나 직업적 자세를 반영한 상태 메시지를 설정해보세요.

전문적이고 체계적인 SNS 프로필 관리는 개인의 커리어뿐만 아니라 조직 전체의 이미지 향상에도 중요한 역할을 합니다. 조직 구성원들이 잠깐의 욱하는 감정에 휘둘리지 않고 사려 깊게 자신의 온라인 프로필을 관리한다면, 더욱 성숙하고 전문적인 조직 문화를 조성할 수 있습니다.

개인적인 감정을 표현하고 싶다면, 듀얼 프로필을 활용하는 것도 한 방법입니다. 이는 업무와 사적인 부분을 명확히 나누어서 각각에 적합한 커뮤니케이션 방식을 유지하도록 도와줍니다.

03

(비대면 업무 커뮤니케이션)
- 이메일

문자나 SNS 메신저는 쉽고 편리하지만, 보안이 필요한 내용이나 중요한 정보를 전달할 때는 이메일을 활용하는 것이 바람직합니다. 이메일은 법적 효력을 지닌 문서로 인정받을 수 있어 분쟁 시 중요한 증거로 채택될 가능성이 높기 때문입니다. 공식적인 업무 커뮤니케이션에서는 이메일을 사용하세요.

특히 이메일은 첨부 파일을 통해 문서, 대용량 이미지 등 다양한 자료를 체계적으로 전달할 수 있어 업무의 효율성을 높입니다. 수신자가 필요한 정보를 한 곳에서 쉽게 확인할 수 있다는 점에서 큰 장점이 있습니다.

이메일은 공적 커뮤니케이션의 기본

기본적인 맞춤법을 지키고 지나친 줄임말이나 은어를 사용하지 않는 것이 이메일의 신뢰감을 높이는 중요한 요소입니다. 〈비즈니스 커뮤니케이션지〉에 발표된 연구에 따르면, 맞춤법과 문법 오류가 있는 이메일을 받은 응답자의 63퍼센트가 해당 발신자를 비전문적이라고 평가했다고 합니다.

단체 이메일을 보낼 때는 반드시 숨은 참조(BCC) 기능을 활용해야 합니다. 이는 수신자의 개인정보를 보호할 뿐 아니라, 메일 리스트가 노출되는 것을 방지할 수 있습니다.

맺음말 뒤에는 이메일 서명을 추가하는 것이 필수이며 서명에는 자신의 이름, 직책, 부서명, 연락처 등이 포함되어야 합니다. 이를 통해 수신자는 발신자 정보를 명확히 알 수 있습니다. 당연히 상대에게 프로페셔널한 인상을 줄 뿐만 아니라, 원활한 소통을 돕습니다.

한 스타트업 직원이 교육 과정 계약을 앞두고 메일을 보내왔습니다. 받은 메일의 제목은 '안녕하세요'였습니다. 그리고 멀미가날 정도로 본문에 불필요한 정보를 장황하게 나열했습니다.

결국 첨부해야 할 계약서를 누락하여 추가 요청을 하는 번거로움을 겪어야 했습니다. 번거로움은 둘째고 업무 담당자에 대한 신뢰가 메일 하나로 순식간에 깨졌습니다.

파일 첨부, 먼저 하기

강조해서 말하는데 파일 첨부는 이메일을 다 쓰고 나서가 아니라 가장 먼저 하세요. 신입사원들이 이메일을 작성할 때 흔히 하는 실수 중 하나가 본문에 '첨부 파일을 참고해주세요'라고 적어두고 정작 파일을 첨부하지 않는 것입니다.

중요한 문서나 보고서를 보내는 상황에서 첨부 파일 누락은 업무 효율성을 저하시킬 뿐만 아니라, 발신자에 대한 인상을 부정적으로 바꿀 수 있습니다.

조직 문화 컨설팅을 하기 위해 J건설사를 1년 동안 정기적으로 방문하면서 자연스럽게 그 기업에서 발생한 크고 작은 이슈들을 듣게 되었는데, 이와 유사한 사례들이 종종 나타났습니다.

한 마케팅 담당자가 중요한 제안서 메일을 작성했는데 첨부 파일을 넣지 않고 전송했습니다. 이를 받은 상대 회사 담당자는 해당 직원의 업무 능력이 떨어진다는 인상을 받아 하나하나 업무를 챙겼고 결국 이로 인해 갈등이 생기면서 프로젝트 자체가 무산되었습니다.

이러한 일을 방지하려면 이메일 본문을 작성하기 전에 파일 첨부를 먼저 하는 습관을 들이세요. 이메일을 작성하다 보면 내용에 집중하다가 정작 파일 첨부를 놓치고 전송 버튼을 누르기 쉽기 때문입니다.

이메일 프로그램에서 제공하는 첨부 파일 알림 기능을 사용하는 것도 유용합니다. 지메일(Gmail)이나 아웃룩(Outlook)에서는 '첨부'라는 단어를 본문에 썼는데 파일을 첨부하지 않으면 경고 메시지가 표시됩니다. 이런 기능을 적극 활용하세요.

이메일 제목, 첨부 파일명 신경 쓰기

이메일 제목은 메일의 첫인상을 좌우합니다. 제목은 수신자가 메일의 내용을 한눈에 파악할 수 있도록 작성해야 합니다. 스팸 메일이 많아진 요즘 메일 제목은 메일을 열어볼지 말지를 결정짓는 중요한 요소입니다.

제목은 수신자가 메일의 내용을 예상하고 열어보게 만드는 첫 번째 단서이기에 모호하거나 부적절한 제목의 메일은 무시되거나 중요도가 낮은 메일로 분류될 위험이 있습니다. 바쁠 때는 메일 제목만 보고 내용의 중요도를 판단할 수도 있기 때문입니다. 잘 작성된 제목은 수신자의 업무 효율성을 높입니다. 메일 제목에는 메일의 주제와 관련 주요 정보를 포함시키세요.

다음처럼 날짜나 특정 정보를 추가하면 좋습니다. 이때, 수신자가 쉽게 이해할 수 있는 표현을 사용하세요. 꺾쇠괄호([ ])를 활용한 구분은 메일 제목을 더 명확하게 만듭니다.

회의 일정 안내 ⇨ [10월 15일] 부서 회의 일정 안내
[OO 물산 인사교육팀] 10월 리더십 과정 결과 공유

메일 제목에 긴급성과 중요도를 반영하는 것도 아주 좋습니다. '긴급' 또는 '중요'와 같은 단어를 포함시켜 보세요.

[긴급] 2025년 사업 계획서 제출 요청

되도록 불필요한 수식어는 생략하고 핵심만 담으세요. "회의 일정 조율 건에 대한 확인 요청드립니다"와 같은 서술형의 제목보다는 다음 예처럼 간단 명료하게 한눈에 들어오는 제목이 좋습니다.

[회의 일정] 조율 요청

출근러의 생존법: 신입사원을 위한 회사 생활 A to Z

회사나 팀 내에서 메일 작성에 일관성 있는 형식을 공유해서 유지하기도 하는데요, 이 또한 아주 효율적인 방법입니다. "안녕하세요. 파일 요청드립니다" 같은 제목보다는 제목에 보낸 사람과 주제가 명확하게 표시되도록 하는 것이 좋습니다. 다음은 그 예입니다.

[부서명] 주제 - 날짜
예) [마케팅팀] 2025년 1분기 시장 조사 보고서

[프로젝트명] 주요 사항 공유
예) [긴급] 제품 출시 일정 조정 관련 논의 요청

첨부 파일명 역시 간결하고 직관적으로 명명하는 것이 좋습니다. 다음처럼 한눈에 확인이 가능한 파일명이 좋습니다.

[OO 기획] 2025_연간보고서_최종본
2025_연간보고서_최종.pdf

일잘러들은 이메일을 작성하기 전, 스스로에게 질문합니다. "이 이메일을 보내는 목적은 무엇인가?"

이메일은 전달하고자 하는 핵심 메시지를 분명히 정리한 뒤 작성해야 합니다. 그러니 일을 잘하는 사람들은 메일의 목적을 다시 한번 파악하고, 그 생각이 정리되면 구조적으로 이메일을 작성합니다.

출근러의 생존법: 신입사원을 위한 회사 생활 A to Z

04
이메일 작성 기본 구조와
이메일 주소의 중요성

이메일 쓰기에 미숙하면 업무 역량이 부족하다는 인상을 주기 쉽습니다. 입사 초기부터 이메일 작성의 기본 원칙과 구조를 철저히 이해하고 숙지하는 것이 중요합니다.

도입부: 간단한 인사와 목적 명시

받는 사람이 도입부만 읽고도 이메일의 핵심을 이해할 수 있도록 구성하는 것이 중요합니다.

안녕하세요, 마케팅팀 OO입니다. 이번 메일은 2025년 1분기 프로젝트 진행 상황 보고를 위해 작성했습니다.

예시처럼 이메일의 첫 부분에 간단한 인사와 함께 불필요한 수식어는 줄이고 이메일 작성의 목적을 명확히 밝힙니다.

본문: 핵심 내용 전달

본문에서는 간결하게 중요한 내용을 강조하세요. 긴 문장 대신 짧고 구조화된 문장을 사용해 가독성을 높이는 게 중요합니다. 숫자나 날짜 같은 구체적인 데이터를 포함하면 효과적입니다. 필요하다면 주요 사항을 목록으로 정리해도 좋습니다.

2025년 1분기 진행 상황:
1) 매출 목표 대비 85퍼센트 달성
2) 신규 고객 유치 30건 달성
3) 주요 캠페인 A와 B 성공적 완료

맺음말: 감사와 추가 요청

너무 형식적이지 않으면서도, 적절한 예의를 갖춘 표현을 사용하면서 다음 단계를 요청하는 내용을 포함시키면 됩니다.

상기 내용 검토 부탁드리며, 추가 문의 사항이 있으시면 언제든 연락 주시기 바랍니다. 감사합니다.

확인 후, OO일까지 회신 부탁드립니다.

이메일을 작성한 뒤, 반드시 두 번 이상 검토해야 합니다. 받는 이의 이메일 주소, 이름, 직책, 부서명 등에 오류가 없는지 점검하세요. 맞춤법과 오탈자, 첨부 파일 유무 등을 확인하는 습관은 신뢰도를 높이는 데 매우 중요합니다.

이름 기반의 깔끔하고 단정한 이메일 주소

최근 한 화장품 관련 업체의 교육 담당자로부터 교육 문의 메일을 받고 두 눈을 의심한 일이 있었습니다. 메일 주소에 저속한 욕설이 포함되어 있었기 때문입니다. 이뿐만 아니라 짱구, 뽀로로, 피카츄 등 애니메이션 캐릭터를 활용한 이메일 주소도 종종 눈에 띕니다. 유치하거나 부적절한 표현, 심지어 은어가 포함된 이메일 주소를 사용하는 경우도 있습니다.

이메일 주소는 당신의 정체성을 드러냅니다. 회사에서 제공하는 이메일이 아닌 개인 이메일을 사용하는 경우, 부적절한 이메일 주소는 상대방에게 신뢰를 주지 못할 뿐 아니라 업무에도 부정적인 영향을 미칠 수 있습니다.

학창 시절부터 사용했던 이메일 주소라도 적절하지 않다면 과감하게 변경하는 것이 좋습니다. 프로페셔널한 이미지를 위해서는 본인의 이름이나 회사명을 활용해 깔끔하고 단정한 이메일 주소를 사용하는 것이 기본입니다.

이메일은 단순한 연락 수단을 넘어, 발신자의 신뢰도와 전문성 등의 이미지를 형성하는 중요한 요소임을 기억해야 합니다.

이름으로 구성한 예 sujeong.kim@gmail.com

전문성을 강조한 예 peoplenspeech@xxx.com

숫자나 기호의 사용도 되도록 최소화하는 게 좋습니다. 이름을 이미 다른 사람이 사용 중이라면 생년월일이나 간단한 숫자를 추가할 수 있지만, 지나치게 복잡한 조합은 피하세요.

좋은 예 sujeong.k02@gmail.com

나쁜 예 socool.sujeong20021024!!@xxx.com

전자는 괜찮지만 후자는 부적절합니다. 너무 길거나 복잡한 이메일 주소는 오타를 유발할 수 있습니다. 이름과 간단한 숫자, 기호 조합으로 간결하게 만드세요.

업무 이메일에서는 회사명이나 직무를 반영하면 더욱 신뢰를 줄 수 있습니다.

직무를 반영한 예
sujeong.hr@xxx.com / sujeong.marketing@xxx.com

피해야 할 이메일 주소
hotgirl123@xxx.com / badassman@xxx.com

이메일 주소가 부적절하면 메일 내용조차 제대로 읽히지 않을 가능성이 있죠. 그리고 오해를 사기도 합니다. 'funnyguy'나 'partyqueen' 같은 이메일 주소는 업무와 전혀 관련이 없는 이미지를 전달하니 피하는 게 좋습니다. 정 쓰고 싶다면 개인적인 용도로만 활용하세요.

05
직함을 제대로 불러주면
관계에 꽃이 핀다

사회 초년생 시절, 같은 부서의 선배와 친해지면서 공과 사의 경계가 흐려졌던 경험이 있습니다. 업무 중에도 선배를 공식적인 직함 대신 '언니'라고 부르곤 했습니다.

"언니, 그룹장님이 기획안을 두 시까지 보고하래요."

당시에는 그것이 그리 큰 문제가 된다고 생각하지 않았습니다. 어느 날, 전체 회의 중 상사가 사내 호칭 사용에 주의를 기울이자고 말했을 때, 순간 뜨끔했지만 그때는 문제의 심각성을 깊이 인식하지 못했습니다. 이후에도 무심코 사내에서 직함 대신 '언니'라는 호칭을 계속 사용했습니다.

지금 돌아보니 얼굴이 화끈거립니다. 회사는 공적인 공간이며, 정확한 직함과 호칭을 사용하는 것은 단순한 예의가 아니라 조직의 기본 질서를 지키는 중요한 요소입니다. 업무에서 사적인 호칭을 사용하는 것은 개인의 이미지뿐만 아니라 팀의 전문성과 신뢰에도 영향을 미칠 수 있습니다.

호칭은 존중과 예의를 나타내는 기본

'호칭이 그렇게 중요한가?' 신입사원이라면 충분히 가질 수 있는 의문입니다. 하지만 올바른 호칭 사용은 상대방의 지위와 역할을 인정하는 것으로 이는 긍정적인 관계 형성과 원활한 소통을 돕습니다. 아무리 친분이 깊다 해도 회사 내에서는 '언니, 형, 오빠' 같은 비공식적 호칭이나 '야'처럼 하대하는 표현을 쓰는 것은 적절하지 않습니다.

김춘수 시인의 〈꽃〉이라는 시에는 이런 구절이 있습니다.

내가 그의 이름을 불러주기 전에는

그는 다만 하나의 몸짓에 지나지 않았다.

내가 그의 이름을 불러주었을 때

그는 나에게로 와서 꽃이 되었다.

제대로 된 호칭을 불러준다면 관계는 꽃이 되어 피어납니다.

직위, 직책, 직급 이해하기

직장에서 사용하는 직위(Position), 직책(Title), 직급(Rank)은 비슷해 보이지만 각기 다른 의미를 가지고 있습니다. 이를 명확히 이해해야 합니다.

먼저 직위는 회사 내 서열과 직원의 위치로 수직적인 관계를 드러내 역할과 권한의 범위를 보여줍니다.

사원 기본적인 업무 수행

대리 사원 관리 및 프로젝트 리드

과장 팀을 이끌며 전략적 의사 결정 담당

일반적인 직위 체계는 사원〈주임〈대리〈과장〈차장〈부장〈임원(이사, 상무, 전무, 부사장, 사장, 부회장)으로 이해하면 됩니다.

두 번째, 직책은 특정 업무와 역할에 따른 책임을 나타냅니다. 같은 직위라도 직책은 다를 수 있습니다.

팀장 특정 팀의 업무 총괄

프로젝트 매니저 특정 프로젝트 관리

세 번째, 직급은 공무원, 군인, 경찰 등 호봉제 직군에서 사용합니다. 급수가 높을수록 더 많은 책임과 권한을 부여받는 체계입니다. 예를 들면 9급〈8급〈7급〈6급〈5급 등의 순으로 이해하면 됩니다.

요약하자면, 직위는 회사 내 서열과 위치, 직책은 특정 업무와 역할에 따른 책임, 그리고 직급은 호봉제에 기반한 등급입니다.

직위에 따른 적절한 호칭 사용

직장에서의 호칭은 대화를 시작하는 중요한 요소입니다.

상급자 호칭 사례

직위명 + 님 예) 부장님, 차장님, 대리님
성 + 직위명 + 님 예) 김 부장님, 이 차장님
성 + 이름 + 직위명 + 님 예) 김민수 부장님, 이수진 차장님

가장 많이 사용되는 형태는 '직위명 + 님'이고 두 번째 형태는 같은 직위의 사람이 여럿 있을 때 혼동을 피하기 위해 쓰입니다. 세 번째는 성과 이름, 직위명을 모두 포함해 더욱 명확하게 표현할 때 적합합니다.

동급자의 경우에는 '성 + 직위명'으로 친밀감을 나타내는 게 일

반적인 방식이지만 나이가 많은 동급자나 타 부서 동료를 부르는 상황이라면 '성 + 직위명 + 님'을 존중의 의미를 담아 사용하면 됩니다. 'K대리야', 'L부장아' 같은 표현은 가벼운 느낌을 주므로 피하는 것이 좋습니다.

하급자의 경우에는 '성 + 직위명' 형태를 가장 많이 사용합니다. 초면이거나 존중을 담아 표현하고 싶다면 '성 + 직위명 + 님'의 형태도 좋습니다. 직책이 없는 경우라면 '이름 + 씨'가 일반적으로 많이 사용되니 참고하세요.

취업 정보 사이트 '사람인'의 조사에 따르면, 신입사원이 자주 하는 실수 중 하나로 '호칭 실수'가 꼽혔습니다. 설문조사에 참여한 1,500명 중 78퍼센트가 '직급과 이름을 혼동한 경험이 있다'고 응답했습니다. 그런데 '신입을 이해해주는 기간은 3개월이 최대'라는 말이 있듯이 이 시기가 지나면 호칭 실수도 실력으로 평가받을 수 있습니다.

입사 초기에 부서별 조직도와 직원 명단을 숙지하고, 이름과 직급을 외우는 노력을 해야 합니다. 과장님을 차장님이라 부르는 실수는 사전 준비로 충분히 방지할 수 있습니다.

06
무조건 높여 말하는 게
능사가 아니다

직장 생활에서는 호칭뿐 아니라 올바른 경어 사용도 매우 중요합니다. 경어는 존중의 표현이지만, 잘못 사용하면 오히려 신뢰를 떨어뜨릴 수 있습니다.

팀원들이 다 같이 점심을 먹고 난 뒤 L부장이 커피를 사주는 상황이었습니다. 입사한 지 얼마 안 된 E사원은 눈치껏 스몰 토크를 시도했으나 실패를 했습니다. 잘못된 경어를 사용했기 때문이죠.

"부장님, 커피가 맛있으시네요. 역시 부장님이 사주셔서 더 맛있으신 듯합니다."

이 경우 '부장님, 커피가 맛있습니다'가 올바른 표현입니다. 사물에 경어를 사용하는 실수는 의외로 자주 발생하며, 이는 말의 품격을 떨어뜨릴 뿐만 아니라 듣는 이에게 불쾌감을 줄 수 있습니다.

자주 실수하는 직장 내 경어 사용의 예

상황별로 자주 발생하는 실수를 몇 가지 짚어보겠습니다.

잘못된 경어 "부장님, 다리가 많이 아프시죠?"
올바른 경어 "부장님, 다리가 많이 아프다고 들었습니다."

잘못된 경어 "과장님, 옷이 참 멋지시네요."
올바른 경어 "과장님, 옷이 참 멋집니다."

신체나 소유물에 잘못된 높임말을 쓴 상황입니다. 신체나 소유물은 높임의 대상이 아니므로, 평서형으로 표현하는 것이 맞습니다.

잘못된 경어 "우리 회사에서 보내주신 자료입니다."
올바른 경어 "당사에서 보내드린 자료입니다."

잘못된 경어 "우리 팀에서 결정하셨습니다."

올바른 경어 "저희 팀에서 결정했습니다."

경어 사용의 원칙 중 자신을 낮추고 상대를 높이는 겸양의 표현이 있습니다. 바로 '당사', '저희 팀'같이 말이죠. 회사나 부서를 높이는 표현은 격식에 맞지 않습니다.

잘못된 경어 "사장님이 지시하셨습니다."

올바른 경어 "사장님의 지시 사항입니다."

상급자의 지시는 그 자체로 권위가 있으므로, '지시하셨습니다'처럼 과도한 경어를 사용하지 않아도 충분히 예의를 갖출 수 있습니다.

잘못된 경어 "양해를 드립니다."

올바른 경어 "양해를 부탁드립니다."

잘못된 경어 "회의를 진행하도록 하시겠습니다."

올바른 경어 "회의를 진행하겠습니다."

'양해를 드린다'는 문법적으로 잘못된 표현이며, 과도한 높임은 오히려 어색하게 들릴 수 있습니다.

잘못된 경어 "부장님이 어디 계세요?"
올바른 경어 "부장님께서는 어디 계신가요?"

잘못된 경어 "차장님, 뭐 드실 거예요?"
올바른 경어 "차장님, 식사는 어떻게 하시겠습니까?"

질문할 때는 더욱 공손한 표현을 사용해야 예의에 맞습니다.

잘못된 경어 "사장님, 팀장님께서 결재하셨습니다."
올바른 경어 "사장님, 팀장님이 결재하셨습니다."

잘못된 경어 "차장, 오늘 회의 일정 어떻게 될까요?"
올바른 경어 "차장님, 오늘 회의 일정은 어떻게 되시나요?"

과도한 존칭은 어색하고, 존칭 생략은 무례하게 보일 수 있으므로 균형 잡힌 표현이 필요합니다.

상사에게 하급자 언급 시 존칭

　사장님 앞에서 '팀장님', '부장님'이라고 말해도 괜찮을까요? 과거에는 직장 내 엄격한 위계질서로 인해, 사장님 앞에서 다른 직위의 상급자를 언급할 때 '부장님' 대신 '부장'으로 '님'자를 생략하는 것이 관행이었습니다. 이는 사장님의 권위를 강조하고, 그 외 직급을 상대적으로 낮춰 표현하려는 문화에서 비롯되었습니다.

　그러나 기업 문화가 점차 수평적이고 유연하게 변화하면서 이러한 관행도 달라지고 있습니다. 다만, 회사 내의 전통이나 문화에 따라 여전히 과거의 관행을 따르는 경우도 있으므로, 입사 초기에는 조직의 분위기를 파악하는 것이 중요합니다.

　"저가 보고서를 작성했습니다."

　혹시 무엇이 문제인지 모르는 분이 있을까요? 정말 많이들 하는 실수입니다. '저가'는 잘못된 표현이며, 자신을 낮추더라도 올바른 문법을 지켜야 합니다.

　"제가 보고서를 작성했습니다."

상급자의 부재를 설명할 때는 어떻게 표현해야 할까요?

잘못된 경어 "부장님이 외근 나가셨어요."
올바른 경어 "부장님께서는 외근 중이십니다."

잘못된 경어 "사장님이 안 계세요."
올바른 경어 "사장님께서는 자리에 안 계십니다."

이때도 공손한 표현을 사용하는 것이 중요합니다.

다시 한번 말하는데 '회의를 진행하도록 하시겠습니다'와 같은 지나치게 과한 경어 사용은 부적절합니다. 정확하고 공손한 경어 사용은 직장에서의 관계를 긍정적으로 이끌어줍니다.

07

(지혜로운 문의와 답변 스킬로)
업무력을 키운다

직장에서는 하루에도 여러 차례 업무 관련 문의와 답변을 주고받습니다. 이 과정에서 서로를 이해하고 배려하는 언어 습관과 태도를 갖추는 것은 필수입니다. 이는 업무 효율을 높이고, 불필요한 갈등을 줄이며, 긍정적인 조직 문화를 조성합니다.

문의 시 내용 명확화와 감사 인사까지

스마트한 업무 문의 첫 번째 스킬은 '문의 내용의 명확화'입니다. 업무 문의 전에 질문 내용을 간결하게 정리하세요. 질문이 정리되지 않은 상태로 문의하면 엉뚱한 답변이 돌아와 불필요한 시

4장_스마트한 업무 커뮤니케이션의 기술

간 낭비로 이어질 수 있습니다. 업무 문의는 스무고개 게임이 아닙니다. 질문할 때는 구체적으로 물어야 원하는 답변을 받을 수 있습니다. 왜 물어보는지, 해당 정보가 필요한 이유도 간단히 설명해야 합니다.

다시 한번 말하지만 지혜로운 소통으로 업무력을 인정받는 사람들은 문의 전에 이미 공지된 내용이나 메일, 게시판 등을 먼저 확인합니다. 같은 질문을 반복하면 담당자의 업무에 부담을 줄 수 있습니다.

문의할 때는 반드시 해당 업무의 담당자를 확인하세요. 같은 부서에 있더라도 모든 업무를 아는 것은 아니므로, 잘못된 대상에게 문의하면 불필요한 혼선이 생길 수 있습니다.

메모는 기본이자 필수겠죠. 업무 대화 중 중요한 내용을 기록하세요. 메모는 기억을 보완해 정확한 정보를 얻도록 합니다.

"말씀하신 대로 OO 물품을 구매하고, OO 파일을 작성해 5일 안에 제출하면 되는지 확인 부탁드립니다."

이렇게 필요한 정보를 모두 얻었다면 재확인하세요.

"바쁘신데 도움 주셔서 감사합니다."

상대가 시간을 들여 답변해주었다면 감사의 말을 전하세요. 받은 답변은 정리해 보관하거나 동료들과 공유하세요. 이는 중복 문의를 줄여 효율적인 업무 환경을 조성하는 데 기여합니다.

지혜로운 답변 스킬

먼저 문의자가 정확히 무엇을 알고 싶어 하는지 확인하세요.

"물품 구매 절차에 대해 문의하시는 게 맞을까요?"

만약 담당자가 부재 중이라면 복귀 예상 시간을 안내해주면 됩니다.

"담당자가 회의 중이라 4시쯤 복귀 예정입니다. 그때 문의 가능하실까요?"

그래야 불필요한 반복 문의를 방지할 수 있습니다.

답변이 길거나 복잡하다면 상대가 메모하도록 유도하세요.

"내용이 많아서 메모가 필요하실 것 같은데, 가능하실까요?"

답변할 때 말하는 자기 입장이 아니라 문의자 입장에서 설명해 주어야 합니다. 본인에게는 익숙한 용어나 절차라도 문의자에게는 어려울 수 있으므로, 쉽게 이해할 수 있는 언어로 설명하세요.

"○○ 파일은 공유 폴더에 있습니다. 폴더 이름은 '2025 보고서'입니다."

간결하고 쉽게 이해할 수 있도록 답변하는 사람이야말로 진정으로 업무 스피치를 잘하는 사람입니다. 또한, 문의자가 질문을 주저하지 않도록 먼저 추가로 궁금한 점이 있는지 물어보는 것 역시 센스 있는 대응입니다.

문의사항을 확인하는 데 시간이 필요한 경우도 상당히 많습니다. 부정확한 내용을 빠르게 전달하기보다 시간이 걸리더라도 정확한 정보를 제공하는 게 맞습니다.

"확인 후 오후 3시쯤 답변드리겠습니다."

이와 같이 시간이 필요하다면 명확히 언제까지 가능한지 안내하고 약속을 지켜야 합니다.

'어떻게 이걸 모르지?'라는 태도를 보여서는 안 됩니다. 친절하고 배려 있는 표정과 말투가 이 모든 과정에서 신뢰를 높입니다. 무시하는 느낌의 말투나 표정은 피하고, 상황에 맞게 공손한 태도를 유지하세요. 간단한 원칙들을 습관화하여 업무 커뮤니케이션을 원활하게 이어나가기를 바랍니다.

08

호출과 자리를 비울 때
대처력이 중요하다

누구나 직장에서 업무나 개인적인 이유로 자리를 비우는 일이 생깁니다. 그런데 이때의 행동과 태도가 동료에게 미치는 영향은 생각보다 큽니다. 사소해 보이지만, 자리를 비우는 방식과 복귀 후의 태도가 직장 내 이미지를 좌우할 수 있습니다.

정보 보호, 부재 시간과 이유 알리기

한 기업의 신입사원 A씨는 점심시간에 서둘러 나가면서 컴퓨터 화면을 잠그지 않았습니다. 그날, 회사 내부 프로젝트에 대한 민감한 자료가 화면에 그대로 떠 있었고, 마침 방문한 외부 협력사 직원이 이를 보게 되었습니다. 이 일로 인해 회사는 대외적으로 신뢰를 잃었고, A씨는 상사로부터 큰 질책을 받았습니다.

아무리 급하더라도 기밀 문서와 민감한 자료는 잠금장치가 있는 서랍에 보관하고, 컴퓨터 화면은 반드시 잠금 설정을 해야 합니다. 사내 메신저나 카카오톡 팝업처럼 민감한 메시지가 뜰 가능성이 있는 프로그램 역시 로그아웃하거나 닫아두는 것이 기본입니다.

신입인 C사원은 매번 자리를 뜰 때 의자를 책상 밑으로 넣지 않고 가는 습관이 있었습니다. 통로를 막는 의자 때문에 다른 동료들이 불편을 겪었고, 팀장은 그에게 '작은 배려가 큰 차이를 만든다'는 조언을 했습니다.

D씨는 외근 중 연락을 받지 않아 동료들이 큰 불편을 겪었습니다. 그는 '어차피 금방 돌아오기 때문에 괜찮을 줄 알았다'고 변명했지만, 그의 연락 두절로 인해 중요한 회의가 취소되었습니다. 이후 그는 부재 이유와 예상 시간을 미리 알리는 습관을 들였습니다. 자리를 비우기 전, 부재 이유와 대략적인 소요 시간을 알리면 동료들이 필요한 순간에 대비할 수 있습니다. 복귀 후에는 상사와 동료에게 돌아왔음을 알리고, 부재 중 도움을 준 동료에게 감사 인사를 전하는 것도 기본입니다.

기밀 자료를 철저히 관리하고, 의자를 정리하며, 부재와 복귀를 명확히 알리는 습관들이 조직의 협업 문화를 강화할 수 있습니다.

상사의 호출 대처법

상사가 호출하면 신입사원은 당황하거나 불안감을 느낄 수 있습니다. 하지만 상사의 부름은 업무의 일환으로 적절한 대처법을 익히고 실행하면 상사와의 소통을 원활히 하고, 긍정적인 인상을 남길 수 있습니다.

신입사원 A는 상사의 호출에 대답 없이 곧장 자리에서 일어나 상사에게 갔습니다. 하지만 상사는 A사원이 호출을 들었는지, 혹은 자기 말을 무시한 것인지 혼란스러웠다고 말했습니다. 이후 A사원은 상사의 호출에 항상 '네!'라고 밝게 대답한 뒤 이동했고, 상사는 그의 변화된 태도를 높이 평가했습니다.

상사가 'OO 사원, 나 좀 보세요'라고 부르면, 일단 '네' 또는 '예'라고 대답하세요. 이 단순한 행동은 호출을 인지했음을 알리는 기본적인 예의입니다. 대답은 반드시 명확한 목소리로 해야 하며, 속으로만 대답하는 것은 상대에게 전달되지 않으므로 대답의 의미를 상실합니다.

대답과 동시에 신속한 행동도 중요합니다. 회사의 규모가 그리 크지 않은 P사는 한 부서에서 여러 가지 업무를 맡기에 대부분의 팀원은 업무량이 많았습니다. 그런데도 큰 문제 없이 업무 진행이 이어졌죠. 해당 회사의 G상무는 직원들 대부분이 상사의 지시에 즉각적인 대응을 했고, 빠르게 업무 진행 상황을 공유한 게 긍정적인 결과를 가져왔다고 말했습니다. 특히 업무 경험이 상대적으로 적은 신입사원과 저연차 직원들은 항상 상사의 호출에 '네, 지금 갑니다!'라고 대답한 뒤 곧장 상사의 자리로 이동했다고 했습니다.

상사의 부름에 즉각적으로 대답하고, 신속하게 이동하세요. 상사와의 거리가 멀다면 '지금 갑니다'와 같이 상황을 알리는 대답을 하고 이동하면 더욱 효과적입니다.

그러나 빨리 달려간다고 능사는 아닙니다. 신규 공무원으로 임용된 지 6개월이 채 안 되는 C는 상사의 호출에 대답하고 바로 상사의 자리로 이동했지만, 도착 후 멀뚱히 서 있거나 허공을 바라보는 경우가 많았습니다. 상사는 C의 이런 태도에서 불편함을 느꼈습니다. 비즈니스 매너 교육을 받은 후 C는 자신의 문제를 깨닫고 이후 상사와 적당한 눈맞춤을 유지하고, 고개를 끄덕이며 경청하는 태도를 보였습니다.

상사 앞에 도착하면 '부르셨습니까?'라고 밝게 말한 후 상사의 지시를 기다리세요. 이때 자세를 바로하고 적절한 눈맞춤을 유지하며 경청하는 태도를 보이세요. 당연히 상사가 호출해 달려갈 때는 필기구를 지참해야 합니다. 과도하지 않은 자연스러운 리액션과 함께 메모를 하세요.

예절로 완성하는
의전과 경조사

의전(儀典)은 정부와 기업이 공식 행사에서 따르는 규정, 형식, 행동 지침 등을 뜻합니다. 이 개념은 1815년 오스트리아 빈에서 열린 빈 회의에서 출발했습니다. 당시 자리 배치 문제로 각국 간 분쟁이 잦았고, 심지어 외교 관계가 단절되는 사례도 생겼습니다. 이후 1961년 체결된 '외교 관계에 관한 빈 협정'을 통해 의전이 구체화되었으며, 현재까지 국제적으로 통용되고 있습니다. 우리나라 역시 『정부의전편람』(2021)을 통해 의전의 기본 원칙과 절차를 규정하고 있습니다. 이 편람은 의전을 '사람과 사람의 관계를 평화롭게 만드는 기준과 절차'로 정의하며, 그 핵심은 상대방에 대한 존중과 배려에 있다고 하였습니다.

01 악수 건네기

"반갑습니다. 총무과로 발령받은 신입사원 OOO입니다."

자신감 있게 인사하며 총무과장에게 악수를 청한 N사원을 본 동료들은 순간 멈칫합니다. N사원의 행동이 신입사원의 열정을 나타낸다기보다는 우리나라의 비즈니스 매너에서 벗어난 것으로 비추어졌기 때문입니다.

악수는 전 세계적으로 가장 널리 사용되는 인사 방식으로 서로가 손을 잡고 가볍게 흔드는 간단한 행동입니다. 그러나 문화 차이와 사회 규범에 따라 디테일한 예법이 다를 수 있습니다.

서양 문화권에서는 누구나 악수를 먼저 제안할 수 있습니다. 반면에 한국 및 일부 아시아 문화권에서는 연장자나 상급자가 먼저 악수를 청하는 것이 관례입니다. 따라서 신입사원이 먼저 손을 내미는 것은 무례한 행동으로 오해받을 수 있습니다. 물론, 친구나 동료와의 만남에서는 서로 자연스럽게 손을 내밀며 인사를 나누는 것이 적절하겠죠. 상대방과 동등한 위치에 있다면 누구든지 먼저 손을 내밀 수 있습니다.

비즈니스 악수의 기본

악수의 타이밍은 적절한 순간에 이루어져야 합니다. 상대방이 말을 마치거나 소개가 끝난 후 자연스럽게 손을 내미는 것이 이상적입니다. 상대방이 대화를 이어가고 있을 때나 주변 사람과 교류 중일 때 악수를 시도하는 것은 무례할 수 있습니다.

악수는 상대방과의 물리적 접촉일 뿐만 아니라 상호 존중의 메시지를 전달하는 행동입니다. 따라서 적절한 거리를 유지해야 합니다. 악수할 때 상대방과 너무 가까이 서거나, 반대로 멀리 떨어져 손끝만 겨우 잡는 것은 피하세요. 너무 가까우면 상대방이 불편함을 느낄 수 있고, 멀리 떨어져 있으면 진정성이 부족해 보일 수 있습니다. 팔꿈치가 자연스럽게 굽혀질 정도의 거리가 이상적입니다. 이는 자연스러운 악수가 가능하게 하고, 상대방에게 안정감을 줍니다.

또 손을 내밀 때는 자신감 있게, 상대방의 손을 손바닥 끝까지 확실히 잡으세요. 손끝만 잡거나 너무 느슨하게 잡으면 '반갑지 않다'는 부정적인 인상을 줄 수 있습니다. 반대로, 과도하게 강한 악수는 불쾌감을 줄 수 있습니다. 적당한 압력으로 손을 잡고 가볍게 흔드는 것이 이상적입니다.

손을 과도하게 흔들거나 잡은 손을 위아래로 크게 움직이는 것 또한 결례입니다. 가볍게 두세 번 흔드는 정도면 충분합니다. 특히 악수는 눈맞춤과 미소를 통해 진정성을 더할 수 있습니다. 악수를 나눌 때는 마주 잡은 손이 아니라 눈을 자연스럽게 바라봐야 합니다. 이때 입가에 따뜻한 미소를 띠세요. 이는 자신감과 친근감을 전달해 비즈니스나 사교적 만남에서 긍정적인 첫인상을 남길 수 있습니다.

공식 석상, 미팅 시 악수

공식적인 행사에서는 악수가 단순한 인사를 넘어 중요한 의식으로 여겨집니다. 악수의 순서와 방법은 그 자체로 예의를 나타내는데 주최자가 먼저 악수를 제안하는 경우가 많으며, 상대방의 직위와 지위를 고려하여 악수의 순서를 정합니다. 기업의 CEO가 주최한 기념식이라면 CEO가 참석자에게 먼저 악수를 제안하는 것이 자연스러운 매너입니다.

미팅 자리에서 먼저 도착한 사람이 뒤늦게 온 상대방과 앉은 상태에서 악수를 하는 경우가 종종 있습니다. 그러나 이는 예의에 어긋나는 행동으로, 악수는 일어나서 하는 것이 바람직합니

출근러의 생존법: 신입사원을 위한 회사 생활 A to Z

1. 상대방이 말을 마치거나 소개가 끝난 후 자연스럽게 손 내밀기
2. 적절한 거리 유지, 손끝만 겨우 잡는 것은 피함(팔꿈치가 자연스럽게 굽혀질 정도의 거리)
3. 손을 내밀 때는 자신감 있게, 상대방의 손을 손바닥 끝까지 확실히 잡는 게 중요
4. 적당한 압력으로 손을 잡고 가볍게 2~3회 흔드는 것이 이상적
5. 눈맞춤과 미소로 진정성과 신뢰감 더하기

다. 다만, 몸이 불편하거나 공간이 협소해 일어서기 어려운 상황이라면 예외입니다. 이럴 때는 정중히 이유를 설명하고 양해를 구해야 합니다. 악수를 대체할 수 있는 목례와 같은 다른 인사 방법을 사용할 수도 있습니다.

손이 자유롭지 않은 경우 상대방에게 '악수를 못 하는 상황입니다, 죄송합니다'라고 양해를 구하며 정중히 고개를 숙이는 것으로 대체할 수 있습니다.

악수를 할 때 절대 피해야 하는 행동

손을 과도하게 강하게 쥐거나 위아래로 과격하게 흔드는 행동

뿐 아니라 다른 손으로 상대방의 손등을 만지거나 주물러 불쾌감을 주는 행동, 장난으로 상대방의 손바닥에 무언가를 쓰거나 그리는 행동, 상대방과 눈을 마주치지 않고 악수를 하거나 다른 사람과 대화하며 악수를 나누는 행동 등은 불쾌함을 안겨줄 수 있으니 피해주세요.

또 '왼손잡이도 악수를 오른손으로 해야 할까'라는 의문이 들 수 있는데, 악수는 전 세계적으로 오른손을 사용하는 것이 규칙입니다. 왼손잡이도 악수를 할 때는 반드시 오른손을 내밀어야 합니다. 특히 일부 문화권에서는 왼손을 불결하다고 여기는 경우도 있어, 왼손으로 악수를 제안하거나 장난삼아 왼손을 내밀어서는 안 됩니다.

청결한 손 관리는 기본

손은 늘 깨끗하게 유지해야 합니다. 할 수 있다면 손톱과 큐티클을 정돈하고, 핸드 로션을 발라 부드럽게 관리하는 것이 좋습니다. 네일숍을 방문하지 않더라도 손톱을 깔끔히 정리하고 건조함을 방지하는 관리가 필요합니다.

지인 중에 20년 넘게 쇼핑호스트로 활동해온 남성이 있습니다. 5대 홈쇼핑에서 인정받으며 성공적으로 경력을 쌓은 그가 새로 설립된 방송사로 이직한 뒤 얼마 지나지 않아 사무실에서 업무상 미팅을 가졌습니다. 친분이 있지만 업무 형식에 따라 사람들과 정중히 악수를 나누며 인사를 건넸습니다.

한 참석자가 악수를 나눈 후 이렇게 말했습니다.

"요즘 남성들도 네일 관리를 많이 한다고 하던데, H님도 받으시나요? 손이 정말 깔끔하고 관리가 잘되어 있네요."

H는 쇼핑호스트라는 직업 특성상 화면에 손이 자주 클로즈업되기 때문에 평소에도 손 관리에 신경을 쓰는 편이었습니다. 그러나 그의 손이 이처럼 세련되고 고급스럽게 정돈된 것은 처음 본다는 반응이었습니다.

"새로운 방송사에서 직원 복지로 네일숍 이용권을 제공해주고 있어요. 덕분에 악수를 하거나 미팅할 때마다 '손이 예쁘다', '자기관리를 참 잘하는 분 같다'는 칭찬을 자주 듣고 있습니다."

H는 환하게 웃으며 말했습니다. 손 관리가 상대방에게 전문성과 자기 관리 능력을 인식시키는 데 중요한 역할을 한다는 점을 보여주는 사례였습니다.

02 명함 관리

　신입사원들에게 명함은 사회인으로서의 첫발을 상징합니다. 자신의 이름이 담긴 명함을 손에 쥐었을 때 '취업에 성공했구나', '드디어 한 조직의 구성원이 되었구나'라는 뿌듯함이 밀려옵니다. 앞으로 명함은 자신을 대표하는 얼굴이자 전문성을 알리는 도구로 사용될 것입니다.

명함 관리와 주고받는 방법

　명함은 단순한 정보 카드가 아니라 비즈니스 세계에서 제2의 얼굴로 불리며, 첫인상과 네트워킹의 출발점이 됩니다.

　명함은 넉넉하게 준비해야 합니다. 보관을 잘해야 하고 상태가 깔끔한지 주기적으로 확인할 필요가 있습니다. 명함 지갑이나 케이스를 사용하세요.

　명함 지갑에 너무 많은 명함을 넣어두었다면 꺼낼 때 불편하니, 미리 몇 장을 꺼내어 준비해두는 센스도 발휘해보세요. 사옥

이전, 승진 등으로 정보가 변경되었다면 최신 정보를 반영한 명함을 준비하는 것이 기본입니다. 실제로 S세무법인의 M사원은 부서 이동 후에도 이전 부서 명함을 사용해 고객사 미팅에서 혼란을 초래했습니다. 최신 명함을 준비하지 않은 것이 비즈니스 실수를 낳았죠. 이를 방지하려면 번거롭더라도 명함 업데이트는 필수입니다.

악수에 순서가 있듯 명함을 주고받을 때 역시 순서가 있습니다. 가장 기본은 아랫사람이 윗사람에게 먼저 건네는 것입니다. 상사나 고객을 만났을 때 명함을 건네며 인사를 시작하세요. 또한 방문자가 먼저 명함을 건네는 것이 예의이며, 여러 명이 있을 때는 가장 연장자나 직급이 높은 사람부터 순서대로 명함을 건네면 됩니다.

명함을 건넬 때는 오른손으로 건네고 왼손으로 받습니다. 우리나라에서는 왼손은 받치는 자세를 취하며 정중함을 표현하기도 하죠. 명함을 전할 때의 방향은 상대방이 읽기 편하면 됩니다. 명함의 글자가 올바르게 보이도록 건네세요. 이때 손으로 글씨를 가리지 않아야 합니다. 명함을 건네면서 '저는 OO 물산의 OOO입니다'와 같이 회사명과 이름을 말해주세요.

명함을 받은 후에도 비즈니스 매너를 빛나게 하는 센스가 있습니다. 받은 명함을 읽고 반응을 보여주는 것입니다.

"OO기획의 OOO 팀장님, 만나 뵙게 되어 반갑습니다."

"사무실이 역삼동에 있군요. 저도 예전에 역삼에서 근무한 적이 있는데, 정말 맛집이 많죠."

"오늘 날씨가 춥네요. 오시느라 고생 많으셨습니다."

이처럼 명함을 받은 즉시 상대방의 이름과 직위를 확인하며 간단한 인사와 스몰 토크를 덧붙여보세요.

받은 명함을 바로 가방이나 주머니에 넣는 것은 상대방에 대한 무관심이나 무례로 여겨질 수 있습니다. 테이블 위에 올려두고 대화 중 상대방의 이름과 직책을 몇 번씩 자연스럽게 언급하세요.

"K과장님, 이번 프로젝트와 관련된 의견이 인상 깊습니다."

"S팀장님, 회사 로고가 정말 인상적이네요. 혹시 로고에 담긴 의미가 있나요?"

"OO기업의 경영 전략이 참 혁신적이라는 이야기를 들었는데, 직접 만나 뵙게 되어 영광입니다."

이렇게 명함에 나온 정보를 이용해 대화를 이어가세요. 회사명이나 직책, 이름에 대해 간단한 질문을 던지거나 칭찬을 더해 관심과 배려를 표현할 수 있습니다.

명함을 테이블에 두고 나가는 것은 치명적인 실수입니다. 상대방과의 비즈니스를 가볍게 여긴다는 인상을 줄 수 있습니다. 간혹 메모지가 없다고 명함에 낙서를 하는 경우도 있는데 이 역시 대단히 큰 무례로 여겨질 수 있습니다. 필요한 내용은 별도의 노트나 메모지에 기록하세요.

명함 폐기와 인맥 관리

지하철역 휴지통에서 수북하게 버려진 명함들을 본 적이 있습니다. 충격적이었습니다. 내 명함을 누군가가 이렇게 함부로 다룬다고 생각하니 아찔했습니다. 명함에는 개인정보가 담겨 있으므로, 폐기 시에도 세심한 주의가 필요합니다. 명함은 절대 공용 휴지통에 버리지 말고 잘게 잘라서 폐기해야 합니다.

명함 관리는 비즈니스의 연장선입니다. 받은 명함은 회사로 돌아온 뒤 반드시 정리하세요. 요즘은 다양한 명함 관리 앱들이 있는데, 적절히 사용하면 효율적으로 연락처를 저장할 수 있습니다.

"오늘 미팅에서 많은 것을 배웠습니다. 앞으로도 잘 부탁드립니다."

이와 같이 비즈니스 미팅 후 받은 명함의 연락처로 감사 메일이나 메시지를 보내보세요.

P사 세일즈 매니저인 Y사원은 고객사 방문 후 반드시 '감사 인사 메일'을 보내는 것으로 유명했습니다. 그는 이 행동이 추가 계약으로 이어지는 데 큰 역할을 했다고 말했습니다. 어떤 이에게는 귀찮은 작업일 수도 있고 '뭘 그렇게까지'라고 여길 수 있습니다. 그러나 Y사원의 행동 결과는 실적으로 증명되었습니다.

명함은 단순한 정보 카드가 아니라 당신의 전문성을 상징하는 도구입니다. 신입사원이라면 명함을 준비하고 교환하는 작은 행동 하나하나에 주의를 기울일 필요가 있습니다.

출근러의 생존법: 신입사원을 위한 회사 생활 A to Z

03 안내와 자리, 차량 탑승

　신입사원일수록 의전에 익숙하지 않아 난감한 상황에 자주 직면합니다. 여러 사람이 함께할 때면 어떤 자리에 서거나 앉아야 할지도 고민이 될 것입니다. 혹은 고객을 안내할 때 앞장서야 할지, 뒤따라야 할지 헷갈릴 수도 있습니다. 이런 결정들이 때로는 비즈니스 관계에 큰 영향을 미치기도 하죠.

안내의 기술

　첫 출근을 하고 나면 업무의 기술만큼이나 중요한 또 다른 기술이 있다는 것을 깨닫게 될 텐데요, 바로 안내의 기술입니다. 업무 중 우리는 상사, 선배, 고객 등 다양한 사람들을 맞이하고 안내해야 하는 상황을 마주하게 됩니다. 신입사원 시절에는 안내 업무가 많은 편입니다.

　안내는 단순히 '여기로 오세요'라고 말하는 것으로 끝나지 않습니다. 매 순간 상대방을 대하는 태도가 드러나기 때문입니다. 작은 디테일 하나가 당신을 더욱 돋보이게 만들 수 있습니다. 지금까지는 이동할 때 별생각이 없었겠지만 이제는 걸을 때도 위치에 따른 비즈니스 매너를 발휘해야 합니다.

상석 개념은 의전의 한 부분으로 윗사람이나 중요한 인물에게 가장 좋은 자리를 제공하는 것을 의미하는데 존중, 배려, 이해라는 비즈니스 관계의 기본 원칙을 상징하기도 합니다. 상황별로 상석을 알아볼까요?

먼저 2명이 걸을 때는 오른쪽이 상석입니다. 상대방이 오른쪽에 위치하도록 배려하세요. 3명이 걸을 때는 중앙이 상석입니다. 중요한 인물이 가운데에 위치하도록 안내합니다. 5명이라면 가장 중요한 인물이 맨 앞에 서고 뒤로 오른쪽, 왼쪽 순으로 정렬됩니다.

하지만 상황에 따라 융통성이 필요합니다. 도로에 가까운 쪽이 상석이라도 흙탕물이 튈 위험을 고려해 상대방을 안전한 위치로 안내하세요. 안전과 배려가 우선입니다.

길을 안내한다면 상대방보다 2~3보 앞서 걷되 비스듬히 서서 방향을 알려줍니다. 모퉁이를 돌 때는 손가락으로 가리키는 대신, 손바닥을 위로 해 가야 할 방향을 정중히 표시합니다. 목적지에 도착하면 상대방이 먼저 들어가도록 안내하세요. 이러한 작은 디테일은 당신의 세심함과 배려를 돋보이게 합니다.

계단, 엘리베이터, 출입문을 이용할 때

계단으로 이동할 때는 안전과 매너를 동시에 고려해 올라갈 때는 상대방이 앞서가도록 합니다. 반대로 내려갈 때는 상대방이 뒤따라오는 것이 일반적이며, 상대방이 넘어질 위험이 있다면 안내자가 먼저 내려가 안전을 확보합니다. 상대방이 여성인 경우에도 안전이 최우선입니다. 급경사의 계단에서는 안내자가 먼저 내려가야 합니다.

엘리베이터에서는 문에서 가장 먼 오른쪽 자리가 상석입니다. 문 앞이나 버튼 근처는 말석으로, 안내자는 여기에 서서 문이 닫히지 않도록 버튼을 누르거나 상대방이 먼저 내릴 수 있도록 배려하는 역할을 해야 합니다. 단 상대방이 처음 방문하는 경우라면 먼저 내려서 자연스럽게 방향을 알려주세요.

출입문에서는 상대가 먼저 통과하도록 문을 열어주고 기다립니다. 자동문이 아닐 경우, 문을 잡아주는 센스를 발휘하세요.

차량 탑승 예절

차량 탑승 시 상석은 운전자가 누구인지에 따라 달라집니다.

우선, 택시처럼 운전기사가 있는 경우에는 뒷좌석 운전석의 반대편이 상석입니다. 반면, 차주가 직접 운전하는 경우에는 조수석이 상석입니다. 즉, 팀원 전원이 택시를 타고 이동하는 상황이라면 상석은 운전기사의 대각선 방향 뒷자리가 되고 팀장의 차량으로 이동하는 경우에는 운전 중인 팀장의 옆자리인 조수석이 상석이 됩니다.

단, 경우에 따라 배려가 필요한 상황도 있습니다. 예를 들어, 여성이 치마를 입었거나 운전자의 배우자가 동승한 경우에는 자리 배치에 예외를 두는 배려가 필요합니다.

버스나 기차와 같은 대중교통에도 상석이 존재합니다. 버스에서는 창가 좌석이 상석이며 기차에서는 진행 방향 기준 창가 자리가 상석입니다. 마주 보는 좌석의 경우에는 진행 방향의 창가 자리가 가장 좋은 자리로 여겨집니다.

회의실, 식당 자리

회의실에도 상석과 말석의 개념이 중요합니다. 회의실 상석은 일반적으로 가장 안쪽 자리 또는 발언이 용이한 가운데 자리입니다. 고객사와의 미팅이라면 고객이 상석에 앉도록 배려해야 합니다. 미리 자리 배치를 점검하는 센스가 필요합니다.

출근러의 생존법: 신입사원을 위한 회사 생활 A to Z

식사 자리에서는 입구에서 가장 먼 자리나 테이블 중심에 가까운 좌석이 상석입니다. 회의 후 상사와 함께 식사를 한다면 상사를 가장 편한 자리로 안내하세요.

04 경조사 챙기기

　'진짜 똑똑한 사람은 경조사를 챙긴다'는 사실을 알고 있나요? 사회에 첫발을 내디딘 신입사원들에게 경조사 챙기기는 낯설고 어려운 개념일 수 있습니다. 그러나 동료의 중요한 순간을 함께하는 것은 팀워크 강화와 유대감 형성의 초석이 됩니다.

　직장에서의 경조사 챙기기는 인간관계의 기본 미덕인 배려와 존중을 실천하는 기회이기도 합니다. 한국노동연구원이 13년간 진행한 연구에 따르면, 경조사를 통해 형성된 인적 네트워크가 취업 확률과 근속 기간에 긍정적인 영향을 미친다는 결과가 도출되었습니다. 경조사 때 내는 돈은 단순한 지출이 아니라, 자신의 이미지와 신뢰도를 높이는 투자라는 의미입니다.

　한 예능 프로그램에 출연한 신입사원은 입사 초 동료의 결혼식에 참석하여 작은 화환과 축의금을 전달했는데 이후 업무 협력 과정에서 어려움이 있을 때마다 결혼식 참석으로 형성된 관계 덕분에 동료로부터 많은 도움을 받을 수 있었다고 인터뷰를 했습니다. 경조사를 챙긴 작은 노력이 업무 관계를 개선하고 신뢰를 쌓는 밑거름이 된 것이죠.

장례식 예절

사회 초년생에게는 결혼식, 환갑잔치, 돌잔치 등과 같은 잔치의 자리보다 장례식장이 특히 어렵게 느껴질 수 있습니다. 종교와 지역적 문화 차이 등 다양한 요소가 복잡하게 작용하기 때문입니다. 그러나 적절한 복장 기준, 부의금 전달 방법, 조문 예절을 숙지하면 진정한 애도와 위로를 표현할 수 있습니다.

우선 복장부터 예를 갖춰 챙겨야 합니다. 남성은 검은색 또는 어두운 색의 정장, 흰 셔츠, 검은 넥타이, 검정 구두를 착용해야 하고, 여성은 검은색 원피스, 바지 정장 또는 스커트 등이 좋습니다. 과도한 노출이나 화려한 액세서리는 피하고 단정한 블라우스와 낮은 굽의 구두를 선택해보세요. 옷은 깨끗하고 다림질된 상태여야 하며, 강한 향수나 과한 화장은 자제합니다.

부의금은 조직의 관행과 상대와의 관계에 따라 결정됩니다. 일반적인 금액은 5~10만 원이라고 하지만 최근 물가 상승에 따라 7~10만 원이 표준 금액으로 자리 잡고 있습니다. 친밀도가 높은 경우에는 개인적으로 추가 금액을 전달하거나, 별도로 마음을 표현하는 것도 가능합니다.

부의금 봉투 작성에도 신경을 써야 합니다. 봉투에 이름과 소속을 검은색 펜으로 적고 근상(謹上)이나 근정(謹呈)을 붙이기도 합니다.

조문 순서

조문 순서와 절차는 함께 간 동료들이 먼저 하는 것을 유심히 지켜본 후 따라 해도 되겠지만 제대로 방법을 알고 있다면 큰 도움이 될 것입니다. '장례식장은 처음이라서요', '사회 초년생이다 보니 조문 예절을 제가 잘 몰라서요'라는 말을 하는 것은 옳지 않습니다. 장례식장에서의 행동 요령이나 올바른 조문 예절은 기본적으로 알아야 할 사항입니다.

빈소에 도착하면 가장 먼저 방명록이나 조문록에 서명을 하고, 부의금을 전달합니다. 이후 상주가 있는 분향소로 이동하여 조문 절차를 진행합니다. 분향할 때는 왼손으로 오른손을 받치는 자세를 취합니다. 오른손으로 향을 집어 불을 붙이고 불을 끌 때는 절대 입으로 불지 말아야 합니다. 손가락으로 살짝 눌러 끄거나 흔들어서 끄는 것이 예의입니다. 참고로 향은 하나나 3개 등 홀수로 올리는 것이 일반적입니다.

헌화는 꽃 부분이 영정 사진을 향하도록 놓는 것이 기본입니다. 헌화를 마친 뒤, 절을 두 번 올립니다. 이후 목례를 반절로 추가하여 예의를 갖춥니다.

절을 할 때 남성의 경우, 오른손이 위로 오도록 왼손 위에 포개고 여성은 남성과 반대로 왼손이 위로 오도록 오른손 위에 포개는 자세를 취합니다. 절을 마친 뒤에는 영정 앞에서 한 걸음 물러난 후 상주 쪽으로 이동합니다.

이때 상주가 한 번 절을 하면, 손님이 맞절로 화답하는 것이 예의입니다. 절 대신 고개를 숙여 정중히 예를 표할 수도 있습니다. 조문이 끝나면 두세 걸음 뒤로 물러난 뒤, 몸을 돌려서 퇴장하도록 하세요.

조문 예절의 핵심은 분향과 헌화를 통해 고인을 기리고, 상주에게 슬픔을 함께 나눈다는 메시지를 전달하는 것입니다. 절차를 정확히 숙지하고 실천하면, 상주와 조문객들에게 깊은 존중과 위로를 표현할 수 있습니다.

장례식장에서 '호상이네요'라는 말을 건넸다가 유족에게 큰 반감을 샀던 사례는 생각보다 많습니다. 의도는 긍정적이었지만, 유족에게는 가볍게 느껴질 수 있습니다. 다음과 같은 표현이 적절합니다.

"고인의 명복을 빕니다."

"슬픔을 함께 나누겠습니다."

장례식장에서는 슬픔을 나누는 정중함과 신중함이 필요합니다. 사망 경위를 캐묻거나 개인적인 질문을 하는 것은 문제가 됩니다. 습관적으로 했던 '안녕하십니까?'와 같은 인사를 유족들에게 건네는 것도 큰 실례임을 잊지 마세요. '힘내십시오', '마음이 아프네요'와 같은 간단한 말로 위로를 해도 됩니다. 혹은 말이 아닌 표정과 침묵으로 애도를 표현해도 좋습니다.

적절한 준비와 예의를 갖춘 경조사 참석은 직장 내 관계를 강화하고 인적 네트워크를 확장할 수 있는 열쇠입니다.

실천하고 행동하라, 성공은 그곳에 있다

이 책으로 여러분이 지식과 통찰을 얻었다면 이제 막 새로운 출발을 할 수 있는 문을 연 것입니다. 직장 예절과 비즈니스 매너는 단순히 규칙을 넘어, 타인과의 관계 속에서 신뢰를 쌓고 자신을 표현하는 중요한 형식입니다. 그러나 이 모든 것을 아무리 많이 배웠다 하더라도, 실행하지 않으면 그 가치는 발휘되지 않습니다.

결국, 행동하는 자만이 성공합니다. 인사법 하나, 메일 작성법 하나라도 배운 것을 행동으로 옮겨보세요. 처음에는 어색하고 서툴 수 있겠지만, 반복을 통해 점차 익숙해지면 곧 새로운 습관으로 자리 잡을 것입니다. 그 습관이 여러분의 태도를 만들고, 태도는 결국 여러분의 가치를 증명해줄 것입니다.

비즈니스 매너는 단순히 겉치레로 끝나서는 안 되고 진심과 전문적인 태도를 상대방에게 전달해야 합니다. 작은 제스처와 디테일

이 때로는 상대방에게 깊은 인상을 남기고, 신뢰를 쌓는 첫걸음이 됩니다.

신입사원으로서 행동과 태도가 조화를 이룰 때, 여러분은 동료와 상사에게 신뢰받고 더 큰 기회를 만들어갈 수 있습니다. 그러니 오늘부터 작은 것 하나라도 행동으로 옮기고, 올바른 태도로 행동을 빛나게 하세요.

신입사원의 시기는 가능성이 무한한 시간입니다. 이제 여러분이 배운 것을 믿고, 실행하며, 여러분만의 태도로 자신감을 표현해보세요. 그 여정에 성장과 성공이 자연스럽게 따라올 것입니다.

여러분의 여정이 멋지게 펼쳐지기를 진심으로 응원합니다. 다시 한번, 진심을 전합니다.

"여러분의 입사를 축하드립니다."

- 2025년, 저자 일동

마치는 말

저자 소개

한수정 강사는 피플앤스피치의 대표이자, 15년 이상 기업교육 현장에서 커뮤니케이션, 스피치, 직장예절, 보고·브리핑, 리더십 분야를 강의해온 베테랑 교육자다. 탁월한 기획력과 품격 있는 강의 스타일로 기업 임원부터 신입사원까지 전 계층에서 높은 만족도를 이끌어내고 있으며, 다수 기업의 조직문화 컨설팅과 커뮤니케이션 매뉴얼 제작 프로젝트를 통해 실무형 교육 콘텐츠 개발을 주도하고 있다.

서유지 강사는 피플앤스피치 콘텐츠개발센터장을 맡고 있으며, 기업 맞춤형 교육 과정 기획과 실전형 커리큘럼 개발을 총괄하고 있다. 현장성과 체계성을 겸비한 콘텐츠 기획력으로 다수 공공기관 및 대기업의 신입사원 교육과 관리자 리더십 프로그램을 설계·운영하며 교육 효과를 극대화해왔다. 수요자 중심의 기획 관점, 섬세한 구성력, 최신 교수법 활용이 강점이다.

김진영 강사는 CS 및 고객 커뮤니케이션 교육에 특화된 수석 강사로, 보험·금융·공공기관 등 다양한 분야에서 민원 응대, 고객 중심 사고, 서비스 마인드 교육을 전문적으로 진행하고 있다. 실제 사례 기반의 실전형 강의 구성과 유쾌하고 따뜻한 강의 스타일로 신입사원과 관리자 대상 교육에서 높은 몰입도를 보이고 있다.

윤다비 강사는 실무 중심 콘텐츠 기획에 강점을 지닌 수석 강사로, 기획 보고서 작성, 회의력, 직무역량 개발, 조직 커뮤니케이션 교육 등 직장인의 핵심 역량 강화를 위한 강의를 진행해왔다. 특히 신입사원과 사회 초년생 대상의 현장 맞춤형 매너 교육 및 커뮤니케이션 과정에서 차별화된 전문성을 갖추고 있으며, 참여자 중심의 실습 구성과 명확한 전달력을 바탕으로 실전 적용을 유도하는 교육을 제공하고 있다.